ほぼ日ブックス

オレ的には
アグリーできかねるんだよね。

オトナ語の謎。

OTONAGO NO NAZO?

【監修】
糸井重里

オトナ語の謎。もくじ

CONTENTS

OTONAGO NO NAZO?

日本では、上司に「あなた」と呼びかけられません。

はじめに

ぼくに「オトナ語」という概念が意識されたのは、高校生のときだった。むろん、そのときに「オトナ語」ということばがあったわけではないけれど、オトナたちの使うことばの世界というものが、「こことは別に存在する」ということを知ってしまったのだった。

それは、反体制という考え方に目覚めてしまった「生意気くん」と、定年退職を翌年に控えて志願して「バカとワルの多い学級」を担任することになった「頑な先生」の言い争いの場面で起こった。

高校教師であり、人生の先達である「頑な先生」は、高校生のコドモ相手の口論に本気で怒ったりするわけにもいかないだろうということで、口元に軽い笑みさえ浮かべていた、はずだった。しかし、その笑みは「生意気くん」が発したたったひと言によって一瞬のうちに凍りつき、氷山と化した「頑な先生」は、次の瞬間には真っ赤な溶岩を噴き出す火山になっていた。

「なんだ！　貴様は！」と教室のガラスが割れるような大声で怒鳴りつけた。たぶん、ものすごく血圧が上がっていたと思う。先生の寿命はあのときに3年くらい縮まった、証拠はないけど。

5　OTONAGO NO NAZO?

「生意気くん」は、先生に向かって馬鹿だの阿呆だのという悪罵を投げつけたわけではないのだ。

ただ、先生に向かって「あなたは」と言ったのだ。英語で言えば「ＹＯＵ」、一般的な二人称であり、相手を貶めるような意味はまったくないはずだ。しかし、生徒が先生に向かって「あなた」と呼びかけることは、してはいけない「社会のルール」なのである。そのルールを、「生意気くん」は知らなかったのか、無視したのか、破ってしまったというわけだった。

あのとき受けた衝撃が、ぼくに「オトナ語」という概念を意識させたのだと信じている。

日本語として間違ってなかろうが、上司に「あなた」と呼びかけてはいけない、ということこそが、オトナ語マスターの第一歩である。それは、日本人のオトナとしては間違っているのであり、「どうもどうも」なんかよりもずっとプライオリティの高いマストでありＡＳＡＰで憶えといてほしい課題なのである。

ほぼ日刊イトイ新聞　糸井重里

この本の生まれ方。

この単行本『オトナ語の謎。』は、もともとはインターネットの新聞『ほぼ日刊イトイ新聞』に連載されていたものです。東京糸井重里事務所というところでの、ちょっとしたメールのやりとりから企画のタネが蒔かれて、こりゃおもしろいから連載にしようとスタートしてみたら、あっというまにネット上で評判になりました。

毎日何万人もの人が、おそらく就業時間中にインターネットにアクセスし、読んだり、笑ったり、考えたり投稿したりというような、国益ということを鑑みた場合には由々しき事態と言わざるを得ないような反響を招くに至ったのでありました。

そして、実用に。

『オトナ語の謎。』という企画は、もともとは実用のために生み出されたものではありませんでした。とてもかんたんに言えば、日本語ってものはおもしろいよなぁ、というようなこと。あるいは、ことばというものをまことに微妙に複雑に使いながら生きている日本人とは、おもしろいものであることよのう、というような軽い知的好奇心をテーマにした企画でした。

もちろん、その意図はよく伝わってくれました。さまざまなオトナ語の使い手たちが、自分や自分の属する世界を、半ば愛し半ば笑いながら、『オトナ語の謎。』をたのしんでくれたのでした。

それが「実用」としても使えると気付いたのは、社会人になって間もない若者たちや、これから就職をする学生の方々からの反応によってでした。彼らは、「いままで知らなかったオトナ語」世界の密林のような奥深さと広大さに、びっくりしてしまったのでした。

こんなにたくさんの「異世界の言語」を憶えなくてはならないとは、社会人になるというのはドエライことだぞと、ギュッとふんどしを締めなおしたらしいのでした、見たわけじゃあないんだけど。

社会が変われば言語が変わる。学生を卒業して社会人になるということは、新しい言語の流通する文化圏で生活していくことなのです。なのに！ ビジネスの世界にＭＢＡがあり、仏教の世界に比叡山があり、料理の世界に服部栄養専門学校があり、若き才能の世界に東京モード学園があるのとはちがって、オトナの言語を学ぶための学校も教科書もなかったのでありました。

ふんどしを締めなおしたままおろおろするスチューデントたちのために、なんとかしなければいけないのではないかと、幡随院長兵衛のように起ち上がったのが、小社、ワタクシ共、ほぼ日刊イトイ新聞でありました。本にするだよ、それを売るだよ、んだよんだよ、と、一朝一夕に二兎を追うことが決定したことは言うまでもありません。

さらに、実験へ。

『オトナ語の謎。』は、一般的な本の流通形態とは違う方法で販売されます。ほんとうは、それがいちばんいい方法なのかどうかはわかっていません。ただ、実験してみたかったのです。本が売れなくなった、という愚痴をいつまでもくりかえしているより、失敗をおそれずに何か別のやり方を試みてみたかったのです。そうしたら、成功か失敗かの結果が出る前に、たくさん学べることがあると思うのです。

買いにくい、とか、迷惑だとか、問題はあるでしょうが、お許しください。ぼくらにとっても初めての冒険ですし、不安もあるのですが、とにかく「違うこと」をやってみたかったのです。

また、なにせ、こういう販売方法ですので、読んだ人の「おすすめ」がいちばんの宣伝になります。読んでおもしろかったら（また、ほんとにお役に立ってしまったら）、どうぞ周囲の皆さんにおすすめくださいませ。

この本は、ほぼ日刊イトイ新聞にて連載された『オトナ語の謎。』に大幅加筆し、再構成したものです。

※ほぼ日刊イトイ新聞とは？
糸井重里が主宰するウェブサイト。多数の執筆者に助けられながら、ほぼ、と言いつつ毎日更新している。http://www.1101.com

基本用語篇

オトナの世界は、謎めいた言葉に満ちている。
まずはその基本的なものから紹介していこう。
ご覧いただければわかるけれども
字面としてはとてもふつうである。
けれども、ひとつひとつの言葉の裏側には、
辞書に載っていないさまざまな意味が込められている。
含まれる真意や情報量を汲み取ってこそオトナ。
学生諸君や会社勤めした経験のない人にとっては
手の込んだ冗談のように感じられるかもしれない。
けれど、これらは、すべて現実のお話なのである。
ていうか、すげえふつうの言葉なのである。
挨拶から動詞まで、さまざまな基本用語を紹介していこう。

お世話になっております

オトナの世界はこのひと言より始まる。いわば「お世話になっております」はオトナの世界における万物の始まりといっていい。使いかたの基礎を述べるとすると、ほんとうにお世話になっているかどうかは関係がない。とにかく、開口一番、あっという間にそう述べるべきだ。

「お世話になっております」

そう、たとえあなたがまるでお世話になってなくても。

「お世話になっております」

むしろオレがおまえをお世話しているのだと思っても。

「お世話になっております」

あなたと私は絶対に初対面であるけれど。

「お世話になっております」

たとえ先方の電話に出たのがベッカムだとしても。

「お世話になっております」

たとえメールを送る相手がローマ法王だったとしても。

「お世話になっております！」

よろしくお願いいたします

オトナの世界における万物の始まりが「お世話になっております」だとしたら、世界が終わる日に交わされる挨拶はこの言葉。すべての終わりにオトナはこう添える。

「よろしくお願いいたします」

むしろおまえがオレにお願いしているのだとしても。

「よろしくお願いいたします」

先方の担当者がマイケル・ジャクソンだったとしても。

「よろしくお願いいたします」

申しわけないけど週明けまで待ってもらえないかと掛け合う相手が待ちくたびれたホーキング博士だとしても。

「よろしくお願いいたします」

火星人が地球を滅亡させようかどうか悩んでいるとき、なぜかあなたは地球代表の交渉役に抜擢されてしまい、しかたなく火星人の前に出て、地球を存続させるべき13の理由を述べたあと、火星人の目を見て頭を下げながら。

「よろしくお願いいたします！」

おはようございます

やや業界が偏るが、とにかく最初の挨拶が「おはようございます」である場合がある。社会人になりたての新人ほど、「芸能人でもないのに……」と照れがち。けど、半年を待たずに平気で「おはよっざいぃぁーす」となるから不思議である。

お疲れさまです

社内での挨拶はおおむねこれでオーケーである。外回りから帰ってきた同僚に、廊下ですれ違う先輩に、帰っていく上司に、残業する後輩に、バイク便のお兄さんに。「お疲れさまです」はさまざまな局面でいかんなく効果を発揮する。なにしろ、男子用トイレで隣の便器に社長が立ったときの気まずい雰囲気さえ、「……お疲れさまです」のひと言で乗り切ることができるのだ。

御社

あなたさまの会社。そちらさまの会社。

弊社

わたくしどもの会社。手前どもの会社。

なるはや

「なるべくはやく」の略。なんでまたわざわざ略すのかわからないが、「なるべくはやく」を「なるはや」と略すほどなるべくはやくやるのだという意味合いかもしれない。

「じゃあ、なるはやで仕上げますんで」

「なるはやで仕上げていただければと」

「これ、なるはやでお願いできる?」

　いったい、どのようにして全国に広まったのだろうか。

午後イチ

「午後いちばんに」の略。だいたい、お昼休みの終わる13時ごろを指す。当然のことながら「朝イチ」や「昼イチ」も存在する。会社によっては「午後ニ」「午後サン」も存在し、それぞれ午後ちょっと過ぎたあたりを微妙に指すのだという指摘もあったが、さすがにローカルか。

取り急ぎ

　オトナは、本題に入るまえにさまざまな挨拶を述べねばならない。それをすっ飛ばしたいときはコレ。「取り急ぎ、用件のみにて失礼します」などと展開すれば、あなたもいっぱしのオトナかも。この便利な挨拶は、とっちらかったメールの最後に配置しても効果的だというから驚きだ。

ケツ

森羅万象、すべての納期や締切や終わりをケツと呼ぶ。

「ケツはいつですか?」

「ケツはどこですか」

「ケツがありますので」

「ケツが見えないな」

「ケツを見せてください」

おしり

ケツと同様だが、ケツよりおしりのほうが丁寧である。

「おしりはどのへんでしょうか?」

「このへんがおしりになります」

「おしりが見えないですね」

「おしりが見えるまでやりましょう」

「おしりが見えたら電話します」

アタマ

とにかく最初のほうを指すという大ざっぱな言葉である。「8月のアタマごろになりますねえ」といえば初旬を指すし、「アタマがこれって弱くない?」といえば、最初に目が触れる部分といった意味になり、「アタマわるいなー」というときは知能や学習能力を意味する。むろん、「おまえアタマから血が出てるぞ!」という場合は頭部そのものを指す。

～マツ

月の数字を頭につけて使うのが一般的であり「イチマツ」「ニマツ」「サンマツ」というふうに使う。つまり「ハチマツ」といえば「8末」のことであり「8月の終わり」を指す。「クマツ」や「ゴマツ」は意外に直感しづらい。「ジュウシマツ」は鳥である。

みょうにち

「明日」と書いて「みょうにち」。そういえば学生は使わない言葉である。大学生が「みょうにちは追試があるから」とは言わないし、女子高生が「みょうにち電話するねー」とも言わないわけであるが、オトナになるといともあっさり使うのである。

「それでは、みょうにち朝イチに御社受付へ手前どものにんげんが参上いたしますので」

一両日中にも

今日中は無理だけど、まあ、明後日くらいなら、でも、明日にもできるかもしれないし、とにかくがんばって早くするからそういう感じで待っててね、の意味を込める。

「一両日中にもご用意できるかと思います」

なのに、す〜ぐ催促がくるんだよなあ。

いっぴ

いっぴ！　それは、ついたちのこと。「いっぴづけ」なんていうバリエーションもあり。地方都市の名物でも、友人のあだ名でもない。長い靴下も履いてない。

ななかつ

7月のことを「しちがつ」と言ってはいけない。7月は「ななかつ」と言うのである。だって1月（いちがつ）と聞き間違えたらたいへんなことになるじゃないか。

ごとうび

5のつく日と10のつく日が「ごとうび」だ。新人アイドルのニックネームではない。「ごどうび」と濁ることも。

営業日

カレンダー上の日付ではなく、会社が営業している日で数えるときの日数。土日が休みの会社で、金曜日から翌営業日、といえば月曜日。「それでは翌営業日に発送します」くらいならなんとなくわかるが、「入金確認ができてから2営業日後に手配しますので」とか言われるとさすがのオトナも少し焦るのだ。

カレンダーどおり

営業日や稼働日ではなく、カレンダーどおりに日を数えること。つまり営業日や稼働日といった概念のない人にとっては、あまりにも当たり前の日付である。なので、そういう人は、カレンダーどおりという言葉も知らなくていいのではないだろうか。日曜日は市場へ出かけ糸と麻を買ってくればいいのではないだろうか。

四半期

1年を半分に分けるのが半期。それをさらに半分にすると四半期。「第2四半期」とか「第3四半期」とかいう妙な言い回しもあるから注意しよう。横文字で表すならば「クオーター」となる。略して書類に「1Q」などと書いてある場合もあるが、クイズじゃないから答えなくてもいいぞ。

中長期的

いったいそれは長いのか長くないのか。「中長期的にみて」というのはどのくらいの期日をみているのか。長期と中期のあいだくらいが中長期なのか、長期にちょっと足りないのが中長期なのか。そう語られる背後には、あんまり長いと突っ込まれるし、でもすぐにというわけにはいかないしなあ、というオトナの思惑が見え隠れ。

世界

オトナにはいろんな世界があるのである！

「いや、もう、ほぼオーケーっていう世界なんですけど」

「我々だけでは、どうにもならない世界があって」

「あとは、クライアントがどう言うかの世界ですねえ」

「ダメって言われたら絶対ダメっていう世界ですから」

オトナはいろんな世界に生きているのだ。

次元

オトナは次元をも超越するのである！

「それはまた違う次元の話でして」

「利益を度外視した次元では」

「違う次元で問題が生じるかと」

「同じ次元で文句を言う次元ではないという世界でして」

オトナは軽々と次元を超越するのである！

デッド

デッド、つまりＤＥＡＤであり、死を意味する言葉だが、オトナは「デッドライン」の略として使うわけであり、その意味では最終的な締切や納期を指す。ということは、大きくとらえると、「おしり」や「ケツ」と同義であって、オトナは「死」と「臀部」を同様に扱うわけか。

にんげん

なぜ「人」じゃダメなんだ。

なぜ「人事のにんげん」なんだ。

なぜ「営業のにんげん」なんだ。

なぜ「人」じゃダメなんだ。

なぜ「外部のにんげん」なんだ。

なぜ「人」じゃダメなんだ。

なぜ「会社のにんげんに聞いてみます」なんだ。

我々

「宇宙人の主語は『我々』である！」と言ったのは糸井重里であるが、宇宙人以外にも「我々」を主語とする人がいた！　それが、社会人である。

手前ども

とにかく、へりくだることがオトナの基本である。オトナたちは、ありとあらゆる局面において、我先にと争うようにへりくだる。とにかく自分を下に。なにしろ自分を下に。先方よりも自分を下に。「私たち」や「我々」すら、先方に失礼だと感じるオトナもいるわけである。というわけで、へりくだることを追求し続けたオトナたちの主語は「手前ども」。

手前どものにんげん

武士道とは死ぬことと見つけたり。オトナとはへりくだることと見つけたり。

「そちらに、手前どものにんげんがうかがっておりませんでしょうか？」

嗚呼、そこまで下へ潜らなくてはならないのか。

たたき台

オトナはまず、だいたいのかたちをつくっておいて、それをもとに、ああだこうだ言うのである。言われるそれがすなわち「たたき台」。練りに練った企画書がさんざん修正されたとき「まあ、これはたたき台ですから」と逃げる応用例もある。「たたきをつくっといて」と言われて魚屋へ走ってはいけない。

雛形

ひながた、と読む。手本。見本。フォーマット。なにかの作業をする前につくっておき、それに習って作業を進めると効率がよい。新社会人は「たたき台」と混同しがち。

「こちらは雛形のたたき台ですので落とし込みながらたたいてください」。がんばれ、新社会人。

本チャン

仮のものではなく、製品として使うホンモノのこと。あるいは行為としてリハーサルではなく、本番。

本決まり

オトナの世界では「よし、これで決定!」となってもそこから二転三転することがままあり、ほんとうにそれが最終決定かどうかわかりづらい。そこで編み出された言葉が「本決まり」である。もちろん「本決まり」がほんとうに「本決まり」であるかどうかは誰にも保証できない。

「じゃあ、もう、これ、本決まりですね」

「たぶん本決まりですが、もう一度チェックします」

「……じゃあ本決まりじゃないじゃないですか」

「仮に本決まりとします」

ネバーエンディングストーリー。

落としどころ

最終的な話のもっていき場所。論議や企画の着地地点。説明するその言葉がすでにわかりづらいが、そのようなわかりづらいことであっても落としどころを見つけなければならないのがオトナなのである。

前倒し

業務を予定より早めにこなすことであり、それが連鎖状態になってどんどん早くなると、「前倒し前倒しで進めましょう」というふうになる。そういえば「前倒し」のアッパーバージョンとして「前倒し前倒し」はあるが、「前倒し前倒し」のさらなるアッパーバージョンとして「前倒し前倒し前倒し」は聞いたことがない。というわけで、「前倒し」をくり返す場合は2回までということに定めますので、以後、徹底のほうお願いいたします。

限りなく

絶対にそうなのだが立場上断定できないときに使う。

「限りなくノーですね」

「限りなく不可能かと」

「限りなくグレーだと思ってもらってかまいません」

「限りなくどっちでもいいということです」

会話のなかに「限りなく」が出てくるぶんだけ、問題が曖昧になるから不思議である。

兼ね合い

ある人とある人には違った言いぶんがあり、両者のあいだの意見を聞きながらどっちもできるだけ納得するかたちにしていくと、まあ、こんな感じになっちゃうんですよ。というようなことを含んで、「さまざまな兼ね合いでこのように変更されました」というふうに表現する。

物理的

多くの場合、その後ろに「〜に難しい」と続く。その場合、「私としてはやりたいんですけど」というニュアンスを含ませつつ「無理です」と告げる、じつにオトナ語らしいオトナ語となる。なにしろ物理的な問題だからしかたないよな。だって物理的に難しいんだもん。後ろに「不可能」と続けると問答無用感倍増。

政治的

といっても実際の政治とは関係なく、当事者のあいだのチカラ関係を表す。まあ、私が関与できない理由なんです、ということ。

「なんでリンゴじゃなくてバナナなんですか！」

「それはちょっと政治的な事情がありまして……」

意外に小さなスケールで使われることが多い。

暫定的

オトナはどんどん言い換えるのだ。「とりあえず」も、「いまんとこ」も、「しかたがないので」も、「まあ仮に」も、「暫定的に」と言い換えて乗り切るのだ。ここで注意すべきは、そのように無理矢理説得力を持たせることは発言者だけでなく、その発言を聞く側のためにもなるということだ。「とりあえずそうしときます」と言われるよりも「暫定的な決定と受け止めてください」と言われたほうが上司も先方も落ち着くのさ。

将来的

オトナは過去の実績は誇らしげに語るが、未来の約束などはしたがらない。そこで、「将来」に「的」をつけて曖昧に表現。正しい日本語なのかどうかは知らない。

「将来的には宇宙飛行士になりたいです！」

流動的

さきざき、状況に応じて最善の方向へ動くため、現段階ではあえて決断しないということを示す。ところがこれは建前上の説明であって、ほんとうの意味をほんとうの感じで記すとすると、なんか、まだよくわかんないし、その場その場で決めていくしかないじゃん、それでいいじゃん、いま決めなくていいじゃん、というふうになる。オトナはそのウダウダした感じを「そのあたりは流動的になるかと思われます」という言い回しでまとめるのだ。

流れを見つつ

「流れを見つつ臨機応変に！」と、会議の終わりにビシッと言われた場合、なるほどそうかと思うわけだが、その真意は、まあ、よくわからんけど、なんとなく、傍観して、ここだと思ったら動きましょうや、くらいの意味。

視野に入れつつ

企画には盛り込んでないけど、それが必要であることは知ってますよ、というアピール。できるかできないかはともかく、視野に入れるだけなら問題はないのだ。

「経費削減も視野に入れつつ」
「海外展開も視野に入れつつ」
「世界征服も視野に入れつつ」
「地球滅亡も視野に入れつつ」
「輪廻転生も視野に入れつつ」

横目でにらみつつ

そう聞いて、「横の席をジロリとにらむ男」の姿を想像されたのではないかと思うが、実際には「動向に注意しながら」という意味。くり返すが、「田辺くんがなにを食べているか横目でにらみつつ」ではないから注意。

抱き合わせ

あるものに、もうひとつべつのものがセットになっていること。おおむね、相手が喜ぶものと喜ばないものがセットになっており、「片方だけでいいんだけどなあ」と思いつつオトナは両方頂戴することになる。

「在庫持ってたって金かかるだけなんだから、抱き合わせにでもなんでもして処理するしかないだろ」

　人気ゲームソフトの販売やタレントの出演交渉など、現代には意外に多くの抱き合わせ商法が残っている。

あいみつ

「あい見積もり」の略であり、複数の業者から見積もりをもらって比較すること。つまり、相撲取りの前まわしを両手でつかむことではなく、百歩譲って相撲の話をするにしても、それは「まえみつ」ではないだろうか。

織り込みずみ

不慮の事態は、当然想定しており、最初からこの計画に含まれているのだ、という主張。ところが周到な計画にかぎって、必ず織り込んでいない事態ばかりが生じるから不思議である。また、「この程度の赤字は織り込みずみ」とか胸を張って言う人がいるけれども、わかってんならなんとかすりゃいいのに。

動きが鈍い

春先のイワナは動きが鈍い。否、そういう動きではない。言葉の指す先がなんであるかというと、これがなんと数字である。新商品の売れ行きや、為替の動向などを見て発する言葉である。

「思ったより、動きが鈍いですねえ」

「円の動きが鈍いですから、ここは静観しましょう」

客単価

ひとりのお客さんがその店でいくらくらいお金を使うか、ということ。

「駅からも近く、かなりの客単価が見込めます」

「客単価が低いんだから、集客がんばらなきゃ」

人と金に同等の重みを見いだすあたりがかなりドライ。

費用対効果

それにかける費用と、それが及ぼす効果をくらべること。漢字を見ると納得だが、使われるときは「ヒヨウタイコウカ」というひとまとまりの、妙なイントネーションで使われることが多く、新社会人などは戸惑う。

「ヒヨウタイコウカを考えると見合わないな」

「もっとヒヨウタイコウカを分析しないと」

ヒヨウタイコウカ。絶滅寸前の天然記念物ではない。

突っ込んだ話

表層的なやり取りから一歩踏み込んだ話。「突っ込んだ話」を説明するのに「踏み込んだ話」というのもおかしな話であるが、「突っ込んだ話」はなぜか「ツッコンダハナシ」というひとくくりの言葉として頻繁に用いられているのである。

「来週にでも行って、ツッコンダハナシしてきますよ」

酒の席での話

比喩のようだが比喩ではなく、そのものズバリ「酒の席での話」であり、要するに酒が入ってるときの話は信用できねえということ。困るのは、ウチの上司と先方の上司が酒の席で意気投合するようなケースであり、どこからどこまでがほんとうなのか当の本人もよくわかっていないから始末が悪い。

別途

べつのところでちゃんとやるからさぁ、心配しないでよ、という意味を込めてオトナが頻繁に用いる言葉。

「その件につきましては、別途、打ち合わせして」

「交通費のほうは、別途、支給いたします」

「具体的な金額は、別途、お知らせいたしますので」

なるほど便利な言葉ではあるのだが、頻繁に使われるのは「べっと」という独特な言葉の響きに因るところも大きいのではないかと思われる。だって、なんかちょっとカワイイんだもん。べっと。

宿題

学生諸君にとってのそれと大きな意味では変わらないが、明確な答えがない場合が多いことや、「忘れました」ではすまないことが大きく異なる。

進捗

しんちょく、と読む。物事がはかどっているということ。「進行」や「現状」といった言葉で事足りる場合でもオトナは「進捗」を使い、やり取りをやや高尚にする。

「なお、進捗状況をご報告いたしますと……」

～的に

発言に際して、「僕としては」と言うとあまりにも個人的でのちのち責任が重くなってきてしまうため、「僕の立場としては」「僕の見方としては」というふうに出所をやや曖昧にしたい。そんなオトナゴコロが生み出す言葉が「僕的に」。同様のニュアンスを含ませつつ「現場的には」「流通的には」「オレ的には」などと展開が可能。オトナは崩れゆく日本語を嘆いたりしない。

なにしろ仕事なのだから。

～預かり

その件はどこが処理することになっているのか、現在の責任はどこにあるのかを指す。あるいは、作業がどこで止まっているのかを暗に揶揄する場合にも使われがち。

「その件は先月から渡辺本部長預かりとなってまして」

「それじゃ待つしかないでしょうねえ」

～つながり

あることとあることに共通項がある、ということを大ざっぱに示すわけだが、しばしばそれは無理矢理な関係づけであり、つなげたもん勝ちであり、つなげられたほうは困惑。「銀行つながりってことで、お願いできる？」くらいはまだ許せるにしても、「ま、アメリカつながりってことでよろしく！」ってなことになると、つながってないとしか思えない。

～絡み

ちょっとややこしい事情や関係がある様子。人やモノなどさまざまな言葉が前につく。

「こんな時間になんでそんなことしてんの？」

「いや、例の、渡辺本部長の絡みでさあ」

う～ん、例文を書いただけでちょっとへこんでくるな。

きんきん

すっごく近いうちに、ということ。

「きんきんにおうかがいします」

とんとん

プラスマイナスゼロ、の状態。

「きんきんにとんとんにします」

ゴタゴタ

自分の周辺がせわしない様子。ちょっとしたトラブルがあったというニュアンスも含む。

「きんきんにとんとんにしたいのですがゴタゴタ続きでして」

ばたばた

さまざまにやることがあって腰をすえられない様子。

「きんきんにとんとんにしたいのですがゴタゴタ続きでばたばたしておりまして」

カツカツ

精神的に、もしくは物理的に、余裕のない様子。

「きんきんにとんとんにしたいのですがゴタゴタ続きでばたばたしておりましてカツカツなんですよ」

いまいま

まさにいま、間違いなく最新の情報としてお伝えしますよ、という意味を込めて使う。

「きんきんにとんとんにしたいのですがゴタゴタ続きでばたばたしておりましてカツカツだというのがいまいまの状態です」

コミコミ

原価も、利益も、中間手数料も、消費税も、維持費も、運賃も、とにかく全部をひっくるめた金額がそれであることを示す。

「きんきんにとんとんにしたいのですがゴタゴタ続きでばたばたしておりましてカツカツだというのがいまいまの状態ですからコミコミとなると、正直、厳しいんですよねえ……」

無理無理

無理を承知のうえで無理矢理にやる様子。

「きんきんにとんとんにしたいのですがゴタゴタ続きでばたばたしておりましてカツカツだというのがいまいまの状態ですからコミコミとなると無理無理やるしかないんですよねえ……」

いっぱいいっぱい

個人の請け負える仕事量の限界を超えてしまって、身も心も余裕のない様子。

「きんきんにとんとんにしたいのですがゴタゴタ続きでばたばたしておりましてカツカツだというのがいまいまの状態ですからコミコミとなると無理無理やるしかないんですよねえ……」

「なるほど。いっぱいいっぱいなんですね」

さくっと

短時間で。簡単に。深い考えもなしに。


「さくっとお願いしますよ、ひとつ」

「そのまえにさくっとメシでも食いに行きますか?」

「いや、さくっとやっちゃいましょうよ」

「さくさくっとメシ食おうよ〜」

「いやいや、さくさくっとやっちゃいましょうよ〜」


オトナはなんでも、さくっと、さくっと。そういう音が聞こえた試しはないのだけれど。

ざっくり

だいたいの感じで。大ざっぱに。深い考えもなしに。


「ざっくり、どのくらいになりますか?」

「ざっくり見積もって4千万ですね」

「それはざっくりすぎやしませんか?」

「いや、もう、ざっくりざっくりですけどね」

「ざっくりした話だなぁ」


オトナはなんでも、ざっくり、ざっくり。そういう音が聞こえた試しはないのだけれど。

えいやっ

この、わけのわからんかけ声のようなものが、ほんとうに全国のオフィスで使われていることを学生諸君は信じてくれるだろうか？　それは決断するときの勢いを表し、「じゃあもう、えいやっ、でやってしまいましょう」というふうに使う。ほんとうの話である。それにしても、いったいどのようにして全国に普及したのだろうか。スゴ腕の仕掛人でもいたのだろうか。

せーので

「えいやっ」に続く第2弾。それが「せーので」。「じゃあ、営業と制作にも加わってもらって、せーので始めましょうよ」などと使ったりする。いや、学生諸君は笑うかもしれないけど、全国的な言葉なんだよ。ほんとだよ。みんな使ってるんだよ。いずれキミも使うんだよ。

しれっと

こっそり、と意味は似ているが、微妙に違う。

「伝票なんて、しれっと出しときゃわかりゃしないよ」

「昨日あいつ、一次会で、しれっと帰っただろ？」

あっ、「ずるがしこさ」が含まれているのか！

ちなみに九州地方の方言として「しれっと」はふつうにあるが、それとこれが同じものであるかどうかはよくわかっていない。

スキッと

眠気が晴れて気分がよくなることではなく、ごちゃごちゃしたものをわかりやすくしたいときに使う。

「このへんもうちょっとスキッとさせようよ」

全国の外注デザイナーさんが選ぶ、「言われて困る注文ベスト5」に堂々ランクインしている。

折

意外に「折」は重宝するのである。

「新事業部発足の折より、折にふれ進めていた例の企画ですが、折をみて商品化したいと思っておりますので、折あらば打ち合わせさせていただけませんか?」

等

名詞に「など」をつけて、「そのほかのもの」といった意味合いを持たせるという、じつにまっとうな使いかたをするが、オトナ語における「等」の問題点は「そのほかのもの」があったためしがないということである。「そちらに資料等、お届けします」というとき資料以外のものは届けられない。「サンプル等、お持ちします」というとき、持っていくのはサンプルだけである。謎めいている。ああ、謎めいている。

旨

前文を受けて、その内容。

「その旨、お伝えください」

「一時延期する旨、ご了承ください」

「週末酒を飲む旨、ご報告いたします」

「こと」を「旨」と書き換えるだけで、文章が突然堅苦しくなるから不思議である。

上

上司、もしくは会社のエライ人たちを指す。

「これは上の意向でして」

「ちょっと上のほうに訊いてみますね」

「今度、上のにんげんとご挨拶にうかがいます」

同じ使い方で部下を称して「下」ということもあるが、頻度は「上」のほうが圧倒的に高い。

方

この場合は、「かた」と読む接尾語としての表現で、それをすることを表す。

「ご準備方、よろしくお願いします」

「ご協力方、よろしくお願いします」

つけ加えることによってややかしこまる印象があり、どちらかというと口頭よりも文書で威力を発揮する。

件

言葉の前に内容を記し、「件」で受けると伝達の際に非常に便利であるが、最近のオトナは「件」に頼りすぎるきらいがある。

「来週先方へおうかがいする際のお土産の件」

「中吊り広告のロゴを大きくするか小さくするかの件」

「例の来週までにどうにかしなくてはならない件」

絵

業種によっては画面や映像を指すが、一般のオトナが口にする場合は、具体的な完成形や理想とするシナリオを指す。「絵を描く」という場合は「もくろむ」というニュアンスが生じる。デザインの場では、「絵的に弱い」「絵としてどうか」といった言い回しで用いられがち。

某

会社や個人の名称を伏せて伝えたいときに使う言葉だが、オトナが「某大手代理店が……」などというふうに使う場合は、その場にいる全員がその名称を知っていることがほとんどである。ということは、「某」なんて言わなくていいわけなんだけど、なんか、そうやったほうが、秘密っぽいし、業界っぽいし、言ったほうも言われたほうも「にひひ」って感じがするので、いいのだよ。

落とし込む

オトナはつねに落とし込む。紙などに落とし込む。話し合った結果を落とし込む。落とし込みどころを探す。活用すればするほど上級者。さあ、落とし込め！

投げる

社会人はとにかく投げるのだ！　「メールを投げる」「先方に投げる」「ＦＡＸ投げる」「とりあえず投げる」。「投げる」の活用をおぼえてこそ、一人前！

もむ

数人で検討する、といった意味。「こっちでちょっともんでみます」といっても、マッサージ関係者にあらず。

発生する

オトナの世界で「発生する」ものといえば、有毒ガスでもイナゴでもにわかファンでもなく、「料金」である。たまに事件やアクシデントも発生するが、おおむね発生するのは各種の「料金」である。

「そういたしますと、別途、送料のほうが発生します」

流す

「ＦＡＸ流しといてね」

「メールで流しますよ」

川に流れる電子機器を想像していてはいけない。オトナが「流す」と言うとき、それは情報を伝えることを意味する。一方、「まあ、流しでやっときますよ」というふうに使う場合は、淡々と進めることを指す。ギターの弾き語りやキッチンを想像してはいけない。

回す

伝票や書類など、オトナはさまざまなものを回すが、もっとも頻繁に回すのは「内線」である。2番に回したり、3025に回したりするのである。間違っても、皿やベーゴマを回したりはしない。なお、多くの職場において、新人への第一評価は「内線を回す手際」によって見極められることを、学生諸君は覚えておいてほしい。

通す

伝票や原稿など、オトナはさまざまなものを通すが、もっとも通すのは「話」や「企画」である。先方に通したり、うやむやで通したりするのである。間違っても、危険牌を何枚も通したりしない。完全に余談だが、麻雀好きの学生諸君は、一度でも先輩と麻雀すると、その後数年は誘いを断れないということも覚えておいてほしい。

立ち上げる

パソコンを起動するときなどにも使うが、たいていは「企画を立ち上げる」と使う。「立ち上げ」と名詞扱いすることもあり。「企画」は「立ち上げる」とおぼえよう。

走る

「立ち上げ」た企画がどうなるかというと、これがなんと「走る」のである。びっくり人間大集合の巻である。

ポシャる

「立ち上げ」た企画が「走った」あとでうまくいかない場合は、「ポシャる」のである。つまり、立ち上がる↓走る↓ポシャる。謎めいている。ああ、謎めいている。

とぶ

オトナが「とぶ」というとき、状況によってその意味はおおむね3つあるという。

「ちょっと神戸へとんでもらえるか」

この場合は急な出張、強制的な移動を意味する。

「午後の会議、とんだから急に暇になったよ」

この場合は、なくなることを意味する。ちなみにデータがなくなることも「とぶ」である。

「高橋さん、○○支社にとばされたらしいよ」

この場合は左遷を意味する。

あ、そういや、「首がとぶ」こともあるなあ……。

おさえる

会議室、上司の予定、原価、証拠、情報……。オトナはいろんなものを「おさえる」のだ。

突っつく

どういう感じか探りを入れてみること。あるいはそれとなくお願いしてみること。たいてい、「上のほう」や「先方」を突っつくことになる。たまに蛇が出てきたりするから注意。

突っ込む

なんやそれっ、と言いながら手の甲の部分で相手の胸部を痛打するわけではなく、より深い質問や要求をして議論を深め、話を現実的にしていくこと。または、予算や人材をそのプロジェクトに投入すること。あるいは、締切間際のぎりぎりの状態で、無理を言って予定に入れてもらうこと。

「こっちも人と金を突っ込んでるんだから、来月号に突っ込めないか、先方に突っ込んでみなよ」

かむ

その話に加わる、当事者として参加する、という意味。ひいては、そこからの利益、恩恵を受けること。

「ウチもかませていただきたいのですが」

「それだとウチがかめないじゃないですか」

「おいしそうな話は一枚かんどかなきゃダメだろう！」

「どこがかんでるの、それ？」

のむ

提示された条件を了承すること。多くの場合、了承には苦いニュアンスをともなう。

「わるいけど、このへんでのんでくれない？」

「これではちょっとのめません！」

酒場の押し問答とは意味合いが異なるが、のんだあとでヤケ酒を飲むことはあるかもしれない。

泣く

「のむ」に、さらに苦いニュアンスが加わると「泣く」になる。しぶしぶ、という感じである。やむにやまれず、という感じである。

「……ここはひとつ泣いてもらえませんか」

「わかりました。うちが泣きましょう！」

「もうさ、泣いてもらうしかないよ、これ」

実際に涙を流して泣くわけではないけれども、場合によっては、実際に涙を流して泣く人もいるのだと思う。

泣きを入れる

もうかんべんしてくれという条件により、もうかんべんしてくれという状況に陥ってしまい、もうかんべんしてくれという精神状態になって、もうかんべんしてくれと先方へ伝えること。

かみつく

公の場で詰問することを指すが、上司が部下を問いつめることはこの限りではない。ニュアンスとしては、部下が上司を詰問する、あるいは、対等な関係の当事者どうしが激しくやり合うことを指す。

「本田さん、渡辺本部長にかみついたんだって?」

むろん、ほんとにかみついたりはしない。と、思う。

出る

春先のイワナは背ビレから怪音波が出る。否、そういう「出る」ではないし、そもそもイワナは怪音波など出してはいない。言葉の指す先がなんであるかというと、これがなんと商品のことなのである。たとえば、接客する店員がディスプレイした商品を紹介しながらこう言う。

「こちらは先週入ったものですけど、よく出てますよー」

やっつける

といっても嫌な上司にパンチを食らわせるわけではない。溜まってきた仕事を終わらせることだ。深夜のオフィスにぽつんと残った先輩が「さあ、やっつけるかな!」と独り言。どことなく、挑戦者のムードが漂う。

一方、「やっつけ」という場合は「やっつける」とは関係なく、心のこもっていない様子を表す。適当にこなす仕事を「やっつけ仕事」などともいう。

詰める

問題点を見つけだし、話し合って解消していくこと。

「そこんとこ、詰めないとダメですね」

「ええ、詰めて落とし込まないとダメです」

「じゃあ詰めて落とし込んだら投げますね」

誇張ではなく、ふつうにこういう会話があるのだ。

抱える

仕事は「抱える」ものなのである。「おい浜崎、おまえいま、なに抱えてる？」などと上司に訊かれた場合、「はあ、見てのとおりファイルを2冊」などと答えてはいけない。いっぱいいっぱいになっている後輩に対しては、「あんま抱えすぎんなよー」などとアドバイスするとオトナな感じである。

すり合わせる

オトナはなにかとすり合わせるのである。現場ですり合わせたり、企画段階ですり合わせたり。打ち合わせですり合わせ。すり合わせの打ち合わせ。打ち合わせですり合わせと顔合わせ。顔合わせを兼ねたすり合わせの打ち合わせ。待ち合わせて顔合わせて打ち合わせてすり合わせ。ああ、あいかわらず謎めいている。

つかまる（つかまってる）

さあ、お昼だ！　ごはん、ごはん！

「浜崎さーん、渡辺本部長が呼んでるよー」

ぎゃあ、つかまった！

「あれ？　浜崎は？」

「渡辺本部長につかまってる」

「じゃあ、先行くか」

さあ、残業だ！　夕食、夕食！

「浜崎ぃ、M印刷さんの吉田さんから電話ぁ〜」

ぎゃあ、つかまった！

「あれ？　浜崎先輩は？」

「M印刷の吉田につかまってる」

「じゃあ、先に行きましょう」

さあ、帰宅だ！　終電、終電！

「あ、いいところにいた。ハマちゃん、ハマちゃん、ちょっとこれ頼まれてくれる？」

ぎゃあ……つかまった……。

焼く

オトナが焼くのは肉ではない。オトナが焼くのは餅でもない。それはなにかと尋ねたら、ずばり、コピーすることを「焼く」と言うのである。書類を手渡され、「焼いといて」と言われた場合、決してそれをメラメラと燃やしてはいけません。なお、技術の進んだ昨今の職場では、データをＣＤ化することも「焼く」と呼ぶので現場でうろたえないようにしよう。

勉強する

テレビＣＭなどで使われているので周知かと思われたが、意外に戸惑う若者続出と聞く。社会においてはしばしば「勉強」イコール「値引き」であり、「もうちょい勉強してよ～」は「まけてくれ」である。とくに関西方面では、ふつうの言葉として通る。

持ち帰る

学生諸君にとっての宿題は「やる」ものだが、オトナにとっての宿題は「持ち帰る」ものなのである。

「その件は、宿題として持ち帰らせていただきます」

ちなみに持ち帰った宿題は、そののち社内で振られてほかの誰かの宿題となる。

吸収する

処理する、の意味で使う。吸収されるのは、おもにマイナスのものである。

「そこで出るマイナスはお宅で吸収してよ」

「多少の赤字は出ますが最終的には吸収できますので」

「そこの経費は最後に吸収するかたちで」

似た使いかたで「カブる」があるが、こちらはマイナスをあえて引き受けるというニュアンス。

頂戴する

へりくだりながら、オトナはいろんなものを頂戴するのだ。お名前を頂戴したり、お休みを頂戴したり、ご意見を頂戴したり、お名刺を頂戴したり、お仕事を頂戴したり……。オトナはチョーダイする生き物なのである。

一元化する

ひとつにまとめてわかりやすくすること。管理も発注も一元化。それが会社の方針だから、とにかくまとめてわかりやすく。それは意義あることだけど、一元化するための会議がこれほど長引くのはなぜでしょう？　ようやく落ち着いたのに、半年経ったら「活性化のために個別に対応すべき」とか言われるのはなぜでしょう？　それでもとにかく一元化。それが会社の方針だから、ひとつにまとめてわかりやすく。

特化させる

偏りがあって、弱点バレバレなものも、このひと言であっという間に生まれ変わる。

「高価格ではありますが、高年齢層を対象に音響面を特化させており……」

「多少つくりが荒っぽく、みてくれは悪いですが、とにかく安いということに特化させて……」

「ご覧のとおり、はっきりいって血みどろで縁起が悪いですが、頑丈だということに特化させて……」

特化させようとするオトナの傾向は、ときに子煩悩な親に似る。

なじませる

周囲に調和させるのがふつうの意味だが、よりオトナな意味としては「ガイドラインの基準に沿わせる」こと。

目を通す

書類などをザッと読む、ということ。しかし、ほんとにザッと読んだだけだと「目を通しておけと言っただろう！」などと怒られてしまうから注意。上司から「目を通しておけ」といわれた書類は熟読するくらいでちょうどいいのかもしれない。オトナってむつかしいなあ。

ちなみに部下が上司に「これ、目を通しておいてもらえますか？」と言う場合は、「熟読してください」ではなく、「承認してください」という意味になる。

手を動かす

地道に作業を進める、の意味。

「対策練っとくから、とりあえず手を動かしといて」

だからといって、いたずらに両手をぶらぶらさせているだけではダメだぞ。

かたちにする

こんな感じかな、というレベルまでつくること。

「とりあえず一度かたちにして、それからですね」

無理難題を押しつけられたあげく、「ま、とりあえずかたちにしといてよ」と言われることもしばしばある。また、「とりあえずかたちにしたもの」が、けっきょくそのまま商品になってしまうこともしばしばある。

名刺を切らす

出先で、自分の名刺を忘れてきたことに気づいた。もちろんオトナは自分のミスを告白したりしない。

「ただいま名刺を切らしておりまして……」

ひょっとしたらこれ、名刺を持ってくるのを忘れてしまったビジネスマンが１００パーセントに近い確率で口にしている言葉かもしれない。

ウラをとる

資料やデータを調べて、そうであると確認すること。鬼上司、「ウラとったか？」と新人をにらみつけるの図。

アンテナを立てる

新情報に気を配る様子。「なにココ、さいあく〜、1本しか立ってない〜」という女子高生の愚痴とは無関係。

ババをひく

貧乏くじをひく、と同意。やっかいな役目を引き受ける羽目になること。長い長い会議が終わって、引き上げてきた同僚が頭をかきながらつぶやく。「いや――、ババひいちゃったよー」

最大公約数をとる

いろんな人がいるから、いろんな意見があって、それでも結論は出さなきゃいけないし、世界は平和に回ってほしいから、ほら、今日もみんなで最大公約数をとろうよ。いろんな意見が重なっている部分をとろうよ。だって、平和がなによりなんだもん。

最大限努力する

血がにじむくらい努力すること、ではなく、たんにがんばること。冷静になって考えてみると、じつに大げさな言い回しである。なにしろ、「最大に、限界まで、努力する」というのだから。実際のところは「まあ、なるたけやってみますけどね」程度のものであり、「善処します」とほとんど変わらない。「最大限努力したのですが……」というように、言いわけに使われることも。

色をつける

ギャランティーなどのお金、報酬額に、少しだけお礼の気持ちを上乗せすること。

「けっこう無理聞いてもらったから、今月分はちょっと色つけときますよ」

むろん、酒場でタフガイが言う「俺の顔に色をつけたのはおまえが3人目だぜ」とは意味合いが違う。

うまいことやる

どうやってやればいいのかわからないけど、キミならできるでしょ、信頼してるよ、といったニュアンスで、人にものをたのむときに登場する言葉。

「そのへん、うまいことやってOKもらってよ」

なんとも大ざっぱな指示であるが、平素の信頼関係のうえに成り立つ言葉なのでなかなか断りづらい。

テーブルに乗せる

あがった企画などを現実的に検討し始める、きちんと会議にかける、といった意味。なかなか趣のある言い回しであり、企画の内容を問わず、言葉の発せられた場をキリッと締める印象がある。

まわりを巻き込む

えらそうなことを言っていてもオトナはさびしがり屋であり、孤立状態を非常に嫌う性質を持つ。率直にいえば、ボクらはみんな、いろんな人に仲間になってもらいたいんだ。

「小林さあ、もっとまわりを巻き込まなきゃダメだよ」

「よくも悪くもあいつはまわりを巻き込むからなぁ」

まわりを巻き込んで、さも盛り上がっているという感じを演出しよう。

旗を振る

プロジェクトを指揮すること。企画を引っ張ること。

「あそこはいっつも旗振るにんげんがいないからなあ」

下駄をはかせる

数字を実際のものより多めに申告したり、量を実際より多めに見せたりすること。

「あそこはいっつも下駄はかせてるからなあ」

風呂敷を広げる

やるまえからおおげさなことを言うこと。過剰に幸福な未来を根拠なく関係各所に約束すること。

「あそこはいっつも風呂敷広げるだけ広げるからなあ」

花火を上げる

事業などを派手に始めること。プロジェクトをスタートすることを内外へ広くアナウンスすること。

「あそこはいっつも花火上げるだけだからなあ」

ハシゴを外す

その気にさせて、こっちが現実的に動きだしたら、途中で撤退しちゃうこと。

「あそこはいっつもいいところでハシゴ外すからなあ」

ちゃぶ台をひっくり返す

途中で出てきて強権発動させて路線変更させること。

「あそこがいっつもちゃぶ台ひっくり返すんだよなあ」

ハショる

省略すること。必要のないところはどんどんハショってしまったほうがいいのだけれど、オトナときたら、必要なところだとわかっていても、自分の都合が悪いとハショってしまうから注意。

テンパる

もとは麻雀用語であり、「アガる一歩手前」を指すが、どうしたわけか日本社会においては忙しくて余裕がなくなって近寄りがたくなっている状態のことを指す。そういやリャンメンとかトイメンとかアンパイとかダマテンとか、麻雀用語を使うオトナもけっこう多いなあ。ちなみにダマテンは、「黙ってテンパイする」ことの略であり、素知らぬ顔をしながら虎視眈々とチャンスをうかがっていることを意味する。

サチる

飽和すること。英語のサチュレイションが由来であるらしく、「サチュる」とも言う。売上などが頭打ちであることを指して使われるのが一般的であり、それほど頻繁に口にされる言葉ではないが、特別なのはバイオ研究業界。そこでは、培養する菌類などが飽和したことを指し、かなり日常的に使われているという。

ゴネる

やだもん、やだもん、そんなのやだもん、と不満ばかり言うこと。それが幼児であれば「……まったくもう!」くらいですむ話だが、オトナがゴネるのはかなりやっかい。ゴネてゴネて、けっきょく相手が根負けして譲歩した場合、そこに生じた利益を指して「ゴネどく」などと言ったりする。かっこ悪いから慎もうね。

ゴメンナサイする

茶目っ気たっぷりな印象があるが、要するに、謝罪するということである。

「とにかくぎりぎりまで練り直して、それでダメならゴメンナサイするしかないよね？」

カワイイっちゃカワイイけれど、茶目っ気だけでは窮地は乗り切れない。

がんばってもらう

つまり、その、がんばってもらうこと。

「ここはひとつ水谷クンにがんばってもらって」

「がんばっても20円以上はないですよ」

「む――。がんばってもらうしかないでしょうね」

「がんばってもらうにしても限度があるでしょう」

……つまり、がんばってもらうこと。

オトナになる

なんらかの衝突が起こったとき、事態の泥沼化を避けるために、あえて損をする側を引き受けたり妥協したりする場合がある。そういった状態をオトナは「オトナになる」と表現するのだ。

「まあ、たしかに先方の言いぶんはムチャだけど、ここはひとつ、オトナになろうや。な？」

「まあ、たしかにいまのはストライクだと思うけど、ここはひとつ、オトナになろうや。な？」

「まあ、たしかに小早川秀秋が東軍に寝返ったのはルール違反だけど、ここはひとつオトナになろうや。な？」

焼肉をオトナ語でアレンジ①

【注文】

「ざっと見た感じ、この人数だったらまずは取り急ぎカルビロース系をざっくり5～6人ぶんってところでどう?　あとは様子を見ながら野菜を投入する方向で。あ、キムチはマストね」

（提供者：tutu）

焼肉をオトナ語でアレンジ②

【焼き加減】


「とりあえずカルビとタン塩の二本立てにしましょうか」

「んもー鈴木クン、丸投げしないでちゃんとフラットにしてよー。焦げついちゃうでしょ」

（まだレアっぽいカルビを指しながら）

「これって許容範囲？」

「いえ、もう少し色をつけたほうが」


（提供者：shinko）

焼肉をオトナ語でアレンジ③

【肉の仕上がり】


「どう?　肉の進捗状態」

「いまのところ順調ですが火加減の要フォローという感じですかね」

「いま、上がりはどれ位？」

「ほぼ1／3は仕上がってます」

「納期は？」

「間もなくです。仕上がり次第声掛けますので」


（提供者：taeko）

ヒーローインタビューをオトナ語でアレンジ①

【どんな気持ちで打席に？】

「今日は相手方のピッチャーもけっこう調子良かったんで物理的に難しいかなと思ったんですが、ファンのみなさんの待つ外野を視野に入れつつ、無理に引っ張ろうとしないで、タマにあわせてフレキシブルに対応できたのがいい結果につながったと思います」

（提供者：Shinko）

ヒーローインタビューをオトナ語でアレンジ②

【いよいよシーズンも終盤ですが？】

「自分的には監督がつね日ごろからおっしゃるところのチーム愛を優先する方向が定着している関係上、やはり全員野球をキーワードとした、各自のルーチンをしっかりこなすというか、もっといえば、下期5勝1敗のペースを確保できれば、この時期でも優勝の二文字をつねに意識するモチベーションを失うべきでないと思われ、端的に申し上げれば我チームがイニシアチブをとるペナント展開が興行的に申し上げてもベターなわけで、逆にいえば今夜のホームランは客寄せパンダ的な要素が強い事はいなめない事実として極論ではないはずで……」

（提供者：ヒロシ）

ヒーローインタビューをオトナ語でアレンジ③

【大事な場面での代打でしたが？】

「ベンチに鈴木は3人おるんですが、カントクと目が合った時にボクだッと思いましたね。ランナーを進めることがボクのミッションだったんですが、ストレート勝負は織り込みずみだったんでサクッと引っ張れました」

（提供者：夢遊人）

男女の別れをオトナ語でアレンジ①

【別れの提案】

男「いつもお世話になっております。えー、さっそくではございますが今回は、お別れのご提案でございます。といいますのも、先日ワタクシ夏期休暇を利用いたしまして郷里に戻ってまいりました。その際にですね、今年のゴールデンウィークの帰省のときについナニした同窓生、え、こちら仮にA子さんといたしましょう。彼女からですね、そのー、ジュニアができた、というご報告を受けまして。もう時期が時期だけに物理的に待ったナシとのことで、きんきんに身辺整理し、その結果をフィードバックするようにというのが先方さんのご要望でして……。ここはひとつ泣いてくれませんか」

（提供者：ashi）

男女の別れをオトナ語でアレンジ②

【返答】

女「そういうことでしたら婚姻届はそちらで破棄してもらってけっこうです。まあ、いまはちょっとアレだけど、きんきんに婚約指輪もお返しできるかなと思います。ただ、今後いい意味で弁護士さんがお邪魔することもなきにしもあらずかと。下手に現場レベルで動くと火だるまになるんじゃないかって声も聞こえてくるし。いずれにしても言った言わないの問題になるとなんだからご挨拶だけでも」

（提供者：しじみめ）

男女の別れをオトナ語でアレンジ③

【二重契約】

女「それで、このたびの二重契約に関しての話に戻りたいと思いますが」
男「その件につきましてはすでにご説明申し上げたとおりでして」
女「つまりこの二重契約はそもそも双方の合意に基づくものであった、と」
男「まあ、そう受け取っていただいても差し支えないかと」
女「ですが、状況改善に向け早々に対策を講じるとのことでしたよね」
男「当方といたしましても最大限の努力はしてきたつもりです」
女「で、今後はどのような方針でいつごろまでに結果を？」
男「この場ではなんともお返事いたしかねるのですが」
女「わかりました。これ以上は時間の損失ということになりそうですね」
男「とおっしゃいますと？」
女「このあたりで関係を白紙に戻したい、ということです」
男「いや、そんな、唐突にそのような動議を提示されましても」
女「数ヵ月前から再三再四申し上げておりましたが」
男「いや、ですから、改善に向け誠心誠意努力しているしだいでして」
女「努力だけでは困るんですね。こう、かたちにしていただけないと」
男「かたち、といわれましても、ですね」
女「先様との絡みもある、とそうおっしゃりたいわけですね」
男「ええ、まあ、そのあたりの事情を汲んでいただけるとうれしいのですが」
女「それゆえこの件につきましては当方は手を引かせていただこうかと」
男「いや、それは、ちょっと、お互いにとって損失が大きいかと」
女「そのあたりは当方としては織り込みずみです」
男「……どうでしょう、いま少し時間的ゆとりをいただけないものかと」
女「デッドラインは本日、というお約束でしたよね」
男「ですから、そこをなんとか。先方とも折り合いをつけますので」
女「道義的責任というものを視野に入れますと、それは難しいかと」
男「ほかならぬそちら様のためですから、それくらいはさせていただきます」
女「まあまあ、なにをおっしゃいますことやら。あ、伝票はこちらが」
男「まあまあまあまあまあ。なんでしたら次回チョコレートパフェでも」

（提供者：ぬばたまの）

男女の別れをオトナ語でアレンジ④

【鈴木さんのプレゼン結果】

女「いやもう鈴木さんからのご提案、本当に痛み入ります」
男「いえいえ、手前どもといたしましては、提案の機会をいただけただけでもまことにありがたいお話でして」
女「それでですねぇ、たいへん申し上げにくいんですが、じつは今回の件、佐藤さんからもご提案いただいておりましてね。担当レベルでは、これまでのおつき合いもありますし、実績のある鈴木さんにお任せしたいところなんですけれども。今回は、もぉおおしわけないんですけれども、佐藤さんにお願いする方向でゴーすることになりまして」
男「ボトルネックは年収、ということでしょうか？」
女「や、長い目で見ればね、そんなに大差ないのは、私自身はよぉおくわかっておりますけれどもね。ただですね、このご時世ですから、手前どもとしても、キャッシュフローがですね、ちょっと……難しいんですよ」
男「田中さんとはこれまでのおつき合いもありますし、思い切って勉強させていただきます。もしくはオプションを削って、次フェーズで色をつけていただくとか。もう一度ご検討願えませんか？」
女「……じつはですね、ほんっとおおおに心苦しいんですが、今回の決定は上マターなんですよ。これだけの案件になりますと、私個人の意向ではいかんともしがたいところがありましてね。いろいろい政治的にもありまして」
男「……そうですか。ワザワザお時間取っていただきありがとうございます」
女「まぁ今回の件では、こういうことになりましたけれども、ご提案には本当に感謝しておりますので、その点については、よく上のほうにも申し伝えておきますから。」
男「いえいえ却ってお心遣いありがとうございます。今後とも、どうぞよろしくお願いします」
女「いえいえコチラこそかえってご足労いただいてスイマセン。ぜひぜひ、次回もまたよろしくお願いします」

（提供者：Tomomi）

カタカナ篇

不思議な言葉を使うオトナたち。
発する言葉の特徴のひとつは、
カタカナが多く含まれるということである。
従来の日本語ではうまく表せない概念などを
カタカナで表現するならまだわかる。
けれど、わざわざカタカナにしているとしか
思えないような言葉も非常に多く存在する。
英和辞書をひけばわかるものもあるが、
辞書には絶対に載っていないものもある。
オトナの好むカタカナの言葉をずらりと並べてみた。
ふだんなんとなく使っているオトナも多いだろうから
この機会にきちんと意味を知っておいてほしい。
受験生は混乱するから読まないほうがいいと思う。

コンセンサス

意見の一致、という意味。「〜を得る、取る」というふうに使い、了解を得ることを表す。なんでまたそんな難しい言葉を使うのか。「じゃ、コンセンサス取っといて」というその言い回しに先方のコンセンサスを取っといていただきたい。章の始まりに申し述べるとすると、オトナはとにかくカタカナが好きだということである。

プライオリティ

ていうか、これは「優先順位」でいいんじゃないだろうか。「あとはプライオリティの問題ですよ」とか言われても、なんの問題なんだかわからんよ。あっ、なんの問題なんだかわからなくすることがカタカナを駆使する理由のひとつなんだろうか。ちなみにプライオリティは「高い、低い」で表す。

イニシアチブ

すなわち主導権。場を統率していくこと。オトナはそれをにぎることもあるし、取り合うこともある。カタカナのオトナ語に共通することとして、発音して心地よいという点も見逃せない。その意味で「イニシアチブ」というのは、なるほど打ち合わせなどでつい口にしてみたくなる。さあ、みんなで声を合わせて。

「イニシアチブ！」

「イニシアチブ！」

オファー

お願い、依頼。しばしば「オファーする」と活用する。「オファーがある」こともあるし、「オファーを投げる」こともある。オファーオファーとくり返しているとおかしな気分になる。おふぁー。おふぁー。

マター

頭に人称名詞などをつけて用いる。その人の仕切り、その人の預かりで、という意味。というか、意味の解説がすでにオトナ語満載である。

「じゃあ、その件は山口マターで」

「それはもう、長谷川マターにしちゃえよ」

名字にいちいち「マター」をつけると、なんだか半端なマジシャンのようです。ちなみに「我が社」を意味する「うち」を頭につけることもあり、そうなると「うちマター」になってしまうのだけれど、どうしたもんか。

バーター

先方とのあいだに交換条件が成り立っている状態。

「バーターじゃなかったら意味ないじゃん！」

意外に知らない、いまさら聞けない、それがバーター。

フロー

本来は、流れのことだが、オトナが使う場合、流れを図や表にした「フローチャート」を指すことが多い。会議が終わって立ち去るときなどに、「とりあえず、本日の結果を次回までにフローに落とし込んでおきます」などとサラッと言えるのがオトナ。

クライアント

調べてみると広告主のことだとか、サーバーからサービスを受けるコンピュータのことだとか、いろんなことが書いてあるのだけれど、まあ、うちに仕事を発注しているお得意さん、つまり先方のことだと思って間違いないんじゃないだろうか。たいていの言いわけは「クライアントの意向でして……」のひと言でなんとかなるんじゃないだろうか。

タスク

よく耳にする言葉だけど、いまいち意味がよくわからんなあ、でも、意味がわからなくてもまったく困らない不思議な言葉だよなあ、と思っていたら、「与えられた仕事」のことだって。そりゃ知らなくても困らないはずだよ。だって、仕事の話してるんだもん。

ミーティング

打ち合わせのことである。まあ、こう呼びたい人は呼べばいいだけのことだが、どうにも腑に落ちないのは、多くの人が両方を織り交ぜながら使っていることである。「午後から年末企画の打ち合わせが入ってまして、そのあとは池袋で夜までミーティングです」

社内のときは打ち合わせで、社外はミーティング？　いやいやそういうわけでもなさそうだぞ。あっ！　ひょっとして、「おまえずっとしゃべってるばっかじゃねえかよ」という突っ込みが入らないようにしているのか？

ドラフト

読売巨人軍、第一位希望選択選手、鮫島熊之助。捕手。日本漁業組合。右投げ左打ち。という話ではなくて、正式に採用される前段階の契約書や仕様書のこと。

コラボレーション

企業と企業が共同してひとつのプロジェクトを推し進めることなのだけれど、近年ではこの言葉が流行りすぎて、おいおいそれコラボレーションっていうよりたんなるふつうの仕事だろうよ、と思えるようなコラボレーションも多数見受けられる。もう、ここは開き直って、ひとつの商品にふたつ以上タグがついていたらコラボレーションということでいいんじゃないだろうか。例によって「コラボ」と略されることがあるぞ。

アジェンダ

とあるマタドールが恋したスペインの情熱的な女性の名前ではなくて、会議における議題のこと。または議題をまとめたもの。つぎへの議題という意味を含み、議事録をそう呼ぶこともあるようだ。

スペック

性能や仕様のこと。言葉の後ろに「高い」「低い」「足りない」「合わない」「キツい」など、多彩な形容詞を伴う。昔はパソコンくらいにしか使ってなかった気がする。

シナジー

相乗効果。シナジー効果とも使える不思議な言葉。

アウトプット

ひと言で示すのが非常に難しい。まあ、要するに、外へ出すようなことをひっくるめてそう呼ぼうじゃないか。印刷することも、結果のことも、商品としてかたちになったもののことも、ひっくるめてそう呼ぼうじゃないか。

マスト

船やヨットで帆を張る柱のこと、ではない。非常に重要で外せないものごとを指す。

「この項目はマストです！」

合ってるのか？　じゃあ、ナニか？　ヨットの話を続けて悪いけど、「ヨットの件では帆がマストです」ってなやり取りもありえるのか？　なんの話だ？

クリアー

「クリアーする」だと達成することであり、「クリアーにする」だと一掃することになる。「問題をクリアーしました」だと問題を解決したことになるが、「問題をクリアーにしました」だと問題がなんなのかようやくわかりましたよ、ということになり、進行状況に雲泥の差があることを覚えておこう。

ペンディング

いったん凍結されること。順調に進んでいないからこそ凍結されるわけであるが、「やめる」とか「中止する」という言葉ではなく「ペンディングする」と言えばなんとなく敗北感が払拭される気がしないでもない。

「この件は、いったんペンディングということで……」

「御社との合併に関しましては、いったんペンディングということで……」

「月面旅行に関しましては、いったんペンディングということで……」

「あなた様との結婚に関しましては、いったんペンディングということで……」

レスポンス

ものごとに対してのなんらかの「反応」を指すが、単純に「返事」の意味で使われることが多い。そのあたり、芸人さんたちが口にする「リアクション」とは若干異なる。人に対して使われる場合、「レスポンスがいい」というのは、その人の誠実さを評価するかなりのほめ言葉であり、「レスポンスが悪い」というのは、その人の勤務態度を疑うわりとキツい言葉である。

ルーティン

決まり切った作業のこと。ルーティン・ワーク。「そのあたりはルーティンに落とし込む方向で」などと使われるが、おおむねその裏には、たいへんだけど、単純作業だから、やりゃあ終わるでしょ、というような意味合いが含まれている。

デフォルト

最初から決められているもの。既定の。ひいては常識。

「人が減ったわけじゃなく、デフォルトで3人なんです」

「この色はデフォルトだからどうしようもないんです」

「あいつはデフォルトでおっちょこちょいなんです」

リスクヘッジ

もともとは為替や株式の取引に使う言葉であるらしく、すげー損したらたいへんだから、そうならないように逃げ道をうまくつくっておくこと。危険回避。プロジェクトを進めるにあたって「失敗したらたいへんだからこうしておきます」などと言うと信頼を失うが、「リスクヘッジとして3つの策を用意しています」などと言えば先方も安心である。何度も言うように、オトナ語とは、その人のためにのみ使用されるものではないのだ。

コスト

必要となるお金のこと。「コストがかかる」場合は、「コストを下げる」べく努力しなくてはならない。そして、コストときたらつぎの言葉である。

コストパフォーマンス

そのコストに対しての働き、作用を指す。「コストパフォーマンスがよい」「コストパフォーマンスが悪い」というふうに使い回す。例によって無理矢理にたとえるなら、昼飯におにぎりを2個食べて夜の9時ごろまでばりばり働ける人は「コストパフォーマンスがよい」が、昼飯におにぎりを12個も食べたのに昼の3時に腹が減って動けなくなる人は「コストパフォーマンスが悪い」ということになる。というより、それはたんなる食いしん坊ではないだろうか。

モチベーション

動機、意欲、熱意といった意味合い。上げたり下げたりするが、重要なのは維持すること。かったるいなぁ、やる気が出んなぁというときも、「モチベーションが上がらない」と言い換えれば、なにやら深刻に考え込んでいるように見えるから不思議だ。そういえばサッカーの解説にもよく出てくる。

インセンティブ

うまくいったときのご褒美。馬の鼻先にぶらさげるニンジン的意味合い。

「条件きついぶんだけインセンティブを持たせて」

「インセンティブがないと動かないですよ」

オトナがカタカナを好む要因のひとつは、生々しい話がややオブラートで包まれるということもある。

マンパワー

あらためて書いてみるとすごい言葉だなと思うが、要するに人手のことであり、目的を遂行するために必要な人員の意味である。「オーケーですけど、問題はマンパワーですね」「そっち、マンパワー足りてる？」などと使う。「マンパワー的には」という奇妙な言い回しもふつうに使いこなすのがオトナだ。

ライン

工場などで、ひとつの生産の工程をそう呼ぶ。ある品物を生産するために、その生産にまつわる設備を準備することを「ラインを確保する」などという。また、人物どうしの太い絆、命令系統を称することも。

「ということで、天下統一の件は、信長・秀吉ラインで仕上げてもらいましょうか」

ポテンシャル

秘めたる潜在能力のこと。能ある鷹の雛が知らず知らずに隠し持ったる爪のこと。

「彼のポテンシャルはこんなもんじゃないと思う」

「商品としてのポテンシャルは高いんですけどね」

まだまだこれからですよ、見捨てないでくださいよ、という意見に説得力を持たせるときに重宝する。しかしながら、ポテンシャルを具体的な数値で示すと、途端にうさんくさくなるから注意。

「商品のポテンシャルとしては4億8千万円ほどの市場価値があると思われます」

スキーム

枠組みのこと。と、日本語に置き換えてもなおわかりにくい。枠組みっていわれてもなあ。

マネージャー

学生諸君のイメージと社会人のそれが大きく異なる言葉。社会におけるマネージャーは、レモンの輪切りを用意したりはしない。部下を持つ管理者をそう呼ぶのだ。言葉の上に「フロア」や「プロダクト」などをつけることもある。泥だらけのユニフォームを洗濯したりしないし、副主将と恋に落ちたりもしない。

アシスタント

マネージャーと同じく、この言葉も、学生諸君の認識と社会人のそれが大きく異なる言葉である。司会者の横でニコニコと笑う女性ではないのだ。補佐的な役割を果たす人を広義に意味し、昨今では事務職系の社員をこう呼ぶこともある。「さてここで問題です」などとは言わないし、下ネタを振られて苦笑いしたりしない。

プロパー

本来はその会社が新人のころから採用した生え抜きの社員。なぜか「さん」づけされることも多いが、けっこうマヌケな呼び名である。プロパーさん。あるいは、たんに正社員を指すこともあるし、売場においてレギュラー商品を指すこともある。

マーケティング・リサーチ

マーケティング・リサーチ、それは市場調査。展示会を見にいくのはもちろん市場調査だし、本屋に行くのもある意味で市場調査。その意味なら、バーゲン会場だって市場調査だし、飲み会だって市場調査だといえなくもないだろう。会社を出るときは、ホワイトボードに堂々と「ＭＲ（マーケティング・リサーチ）」と書くべし。けど、どうやらみんな気づいてるみたいよ？

スキル

技能、って言われてもなあ。たしかに学生諸君には把握しにくい言葉ではあるが、社会に出るといつの間にかスキルという概念が染みつくから不思議である。むしろ「スキルはスキルとしか言えない」とまで思えてくるから不思議である。

アテンド

同行すること。立ち会うこと。基本的に、立ち会うだけだから仕事内容としてはさほど重くないはずなのだが、「明日は昼から試写会に顔出して、ぼーっと見守っています」などと言うとぜんぜん仕事じゃないみたいなので、「明日は午後から試写会アテンドです」などと言い換える。なんだか知らないけど、紙おむつや入れ歯安定剤を彷彿とさせる言葉である。アテンド。

パイプ

太いのを持っておくと何かと有利である。変わったものを持っておくと重宝がられる。もちろん、シャーロック・ホームズが持っているやつではなく、よその会社などとの親密な関係を指す。パイプを使ってネゴしてアポ取りつけたりするからオトナってばよくわからないよな。

アイテム

勇者の剣や薬草のことではないし、フランクリンバッヂのことでもない。オトナがオフィスで使うときは、懸案事項やこなすべき作業などを指す。

「ササキは　確認アイテムを　てにいれた！」

「ノザキは　作業アイテムを　わすれてしまった！」

こなすうちに経験値が溜まりレベルやスキルが上がる、というとうまくまとめすぎだろうか。

ロット

製品の製造単位のこと。ものによって12本だったり、１００万個だったりする。そのまとまりごとの製造期間や品質を指して「もう、このロットは１０００で卸すしかないでしょ」などというふうにも使われる。注文数が製造単位に足りないときは「ロットにならない」とも言う。

リーク

情報を漏らすこと。「開発からのリークなんで間違いないかと思われます」「担当者がリークしたとしか思えないんですけどね」などと使う。ちなみにこの場合、ついポロッとしゃべったというのではなく、わざと外へ流すという意味合いがある。なんとなく、口にしたときに自分がちょっと特別な立場にいるような気にさせてくれるため、オトナはこの言葉を発することを好む。

フレキシブル

臨機応変に、という意味であり、多くの場合「対応する」という言葉とセット。「状況を見て臨機応変かつフレキシブルにその場その場の現場判断で対応します」などと言うとカブりすぎだから注意しよう。

ドラスティック

激しく、徹底的に、激烈な、という様子を表す。なにぶん、字面が字面であるため、似たような言葉と誤解する上司が多いのが困りもの。


「これによりドラスティックな市場変化が見込めるかと」

「つまり、大逆転劇が待っているということだな?」

「いえ、そうではなく、ドラスティックな市場変化です」

「要するに、家庭内の市場変化か?」

「いえ、そうではなく……」

レジュメ

こちらはなんとフランス語。もともとは、論文などの要旨をまとめたものだというが、オトナの世界では、そのプロジェクトの内容を、部外者にも簡単に理解できるようにまとめた書類を指す。昨今はパワーポイントなどによるプレゼンも多くなってきたが、まだまだ紙による情報伝達は健在。いくらメールしても上司は「まずはレジュメを出せ」とくり返すのだ。「レジメ」とも言う。

グロス

個々の量ではなくて、総量で。総額で。「そこはグロスで考えましょう」などと使うとなんとなくカッコいいが、「1コ1コじゃめんどうくさいよ〜」というオトナの思惑も見え隠れする。対となる言葉として、正味の量を示す「ネット」がある。

ニアリーイコール

ほとんど同じです、ということ。

「要するに、A案ニアリーイコールB案だからさ」

「切り口変えても、ニアリーイコールにしかならないよ」

「ひつじニアリーイコールヤギっていう意見は認識不足だといわざるをえないと思うんですよ」

不思議な呪文、ニアリーイコール。わざわざ英語で、ニアリーイコール。ニアリーイコール、ニアリーイコール。

ジャストアイデア

必殺、ジャストアイデーアッ!! その実体はたんなる思いつきであって、会議などで思わず適当なことを言ってしまったときに「まあ、ジャストアイデアですけど」などと使う。似たような必殺技としてはフラッシュアイデアがある。食らえ、必殺、フラッシュアイデーアッ!!

コミット

関わること。参加すること。約束すること。「A社の展開にもコミットして」。混同しがちだからきちんと覚えよう。コミットコミットコミット！　覚えました？

オミット

除外すること。取り除くこと。「B社の提案はオミットする方向で」。混同しがちな言葉だからきちんと覚えよう。オミットオミットオミット！　混乱しましたか？

メリット

これは覚えやすいですね。利益です。メリットメリットメリット！　くり返すまでもなく、覚えましたね？

ベネフィット

ところが最近は「メリット」ではなく「ベネフィット」とかいうそうですよ、利益。なので、メリットは忘れてくださってけっこうです。ところでオミットってどういう意味でしたっけ？

キックオフ

近年、急速に普及した感のあるオトナ語。上期や下期が始まるとき、あるいは何かの事業が始まるときなどに、どこかに集まってワーワーやること。バカバカしいので出たくはないのだが、「仕事だから、出ないやつは休日扱い」などと言われて渋々出ることになる。

ブレイクスルー

マンネリ状態や膠着状態を打破すること。「平凡だなあ。なんらかのブレイクスルーがないと」

先にいくつか挙げた必殺技系のオトナ語と組み合わせて、「フラッシュでジャストなアイデアですが、このプロジェクトの現状をドラスティックにブレイクスルーするためのクリティカルなアイテムとなりそうです」などとカッコよく決めろ。いや、決めるな。

エンドユーザー

末端の利用者。一般の使用者。要するにお客さん、ユーザーのことなのだが、オトナたちがあまりにも気に入っていろんな人をいろんな意味でユーザー、ユーザー、と言い出したもんだから、ほんとのお客さんのことをわざわざエンドユーザーと言い直さなければならなくなった、という説がある。

バッファ

もともとはパソコン用語であると推測される。ある程度、どの役割にも使える領域のこと。「じゃあ、4ページ目をバッファにしといて、とりあえずこの線で進めましょう」などと使う。計画が曖昧すぎてなんらかの空白ができるとき、苦しまぎれにバッファ扱いしたりする。ついつい水牛を想像してしまう人はまだまだコドモである。

～レベル

さまざまな言葉を頭につけて変化する。現場レベル。当事者レベル。経営者レベル。多くの場合「の話」と続く。

～モード

そういった状態に入るということ。仕事モード、残業モード、営業モード、帰宅モード、戦闘モード、土下座モード、ダメダメモードなど、さまざまなモードがある。

～ベース

～を基本姿勢に、という意味だが応用例多数。「商業ベース」や「正直ベース」は理解するが、基本的なものをベースにする「基本ベース」はいかがなものか。

～ライク

カタカナを好むと同時に曖昧さも好むオトナは、こういったおかしな言い回しが大好きなのである。

「もっとこう、ハリウッドライクな豪華さが欲しいな」

「基本、年末特番ライクなにぎやかさで」

「あとは、納豆の磯辺揚げライクなものを頼んでよ」

見境なく言葉の接尾に「ライク」をつけて、それでどうしてオトナたちの情報伝達はスムーズなのか？

～サイド

「現場サイドとしましては」

「経営者サイドから見ると」

「営業サイドの意見では」

「それはそっちサイドの話でしょ」

あれれ？ これって「サイド」がなくてもいいのでは？

アポ

アポがなにかというと、アポイントメントの略。アポイントメントがなにかというと、面会の予約、会う約束のことを指す。ところで、これは、無垢な少年が感じたままを言っているのだと思って聞いてほしいのだけれど、略す必要があるほど長くて使いづらいなら英語にしなきゃいいじゃん！

ネゴ

ネゴがなにかというと、ネゴシエーションの略。ネゴシエーションがなにかというと、オトナの世界では根回しや事前の交渉、談判を指す。ところで、これは、純真な金髪の少女が感じたままをささやいているのだと思って聞いてほしいのだけれど、略す必要があるほど長くて使いづらいなら英語にしなければいいのだわ！

パブ

英国風の大衆酒場ではないというのはいうまでもないこととして、正解はパブリシティー。広告、広報、宣伝。「パブという意味では十分かと思われます」

プレ

雨が野に落ちて川になって海へ注ぐように、「プレゼンテーション」は「プレゼン」になってやがて「プレ」になるのだ。みじかっ！

コネ

コネクションの略であり、仕事に利用可能な人間関係。威力を発揮するのはなんといっても就職時であろう。

キャパ

字面はなんだかカワイイが、語尾にハートマークをともなうようなものではない。キャパシティーの略であり、容量を指す。ある場所に入る人数の限界であったり、個人の請け負える仕事量の限界だったりする。ちなみに前者は「大きい、小さい」で、後者は「広い、狭い」で表す。

ブレスト

もととなる言葉はブレイン・ストーミングという、非常にものものしい横文字になる。略してブレスト。その意味をくだけた日本語で表すとすると、とりあえずできるかできないかわかんないけど思ったことをどんどん言ってみよう会議。プロジェクトの始まりに行われることが多く、企画を自由にふくらませることが目的。なので、「そりゃ無理だ」などという意見は非常に野暮である。

リスケ

リスケジュールの略であり、つまり、日程再調整。「あ、そうだったのか！」と膝を打つ人も多いのでは。

オンスケ

「リスケ」がリスケジュール（日程再調整）なら、「オンスケ」はオンスケジュールであり、予定通りに進行中、という意味である。しかしなんともマヌケな響きだなあ。意味もなく「このオンスケ野郎！」とか言いたくなる。

ドアドア

ドア・トゥ・ドアの略で、ある場所を出てからある場所へ着くまでにかかる時間。パズルゲームではない。

イラレ

イラストレーターというアプリケーションソフトの略称であるが、多くの略称がそうであるように、そう呼ぶことがアリかナシかで論議を呼びそうである。

フォトショ

フォトショップというアプリケーションソフトの略称であるが、多くの略称がそうであるように、その呼び名が「ふつうでしょ」か「ありえねえ」かで論議を呼びそう。

パワポ

パワーポイントというアプリケーションソフトの略称であって、そう呼びたいやつは呼べばいいのではないか。

テンパー

もちろん、生まれもってのクセっ毛のことではない。つまりそれは「10パーセント」のことであるが、問題はなぜ略すのかということよりも、なぜ「10」だけが英語扱いなのか、ということだろう。「いっパー」「にパー」「さんパー」「よんパー」「ごパー」「ろっパー」「ななパー」「はっパー」「きゅうパー」ときて、なぜに「10」だけ「テンパー」なのだ！　そんでもって、そこからは「イレブンパー」になるかと思いきや、また「じゅういっパー」に戻るじゃないか！　まあ、「テンパー」じゃなくて「じゅっパー」とも言うけどさ！

イエスマン

イエスマンは、はるか１００万光年の彼方から「イエス」と言うためにやってきたのだ！　はいはい、そうですね。

ジャッジする

「ジャッジ」を「する」から「ジャッジする」！　なんじゃそれ、と突っ込む声も聞こえるが、けっこう日常的に使われている言葉である。

「そのあたりは現場でジャッジして……」

「まず、企画段階でジャッジすることになるかと」

「ジャッジ」を「する」から「ジャッジする」！　それがありならなんでもありじゃん、などと言ってはいけない。

シェアする

要するにオトナは横文字や英語が大好きだ。「分ける」とか「共有する」なんて言うもんか。シェアする！　シェアする！　ナレッジをシェアする！　なお、女性の社会人に限り、ランチタイムにメニューを見ながら「ねえ、これシェアしない？」と使うことが許されている。

アナウンスする

だから、オトナは横文字や英語が大好きなんだってば！　「言い広める」とか「伝える」なんて、かっこわるいよ！　アナウンスする！　アナウンスする！　つまり、その動詞を英語に置き換えたうえで「する」をつけて、どんどん言い回しを非現実的にしていけばいいのだ。意味がわからなければ、その英語の意味を調べればいいのだ。なんとなくコツがつかめてきましたか？

ペイする

ところが、ペイするは「払う」ことじゃないのである。「コーヒー屋で３５０円ペイする」とは言わないのである。投資したぶんを取り戻すことが「ペイする」であり、支払うことを「ペイする」と表現すると不正解なのである。そのへんがオトナ語のオトナ語たるゆえんである。

フィードバックする

結果を報告する、などの意味。「数字がそろいしだいフィードバックしますので」などと言えるようになれば、オトナかもしれない。そんなオトナにはなりたくない、と思うかもしれない。

シフトする

移行する、移る、の意味。

「A計画は下期にシフトします」

「精算が終わりしだい、搬出へシフトするように」

あるいは「シフト」単体で、勤務体制や人員配置を指すこともあり、「日曜日のシフトを決める」などとも使う。もちろん、その打者特有の打球方向に応じて守備陣形を動かすことを、そう呼んでも間違いではないけれども、やっぱそれはオトナ語ではないなあ。

ゴーする

企画を現実的に動かし始めること。

「じゃあ、それでゴーしますのでよろしく」

しょっちゅう耳にする言葉ではあるが、冷静に字面を眺めてみるとおかしな言い回しである。「ゴーする」？「ゴー」を「する」？ どうやらあまり深く考えないほうがいいようだ。関係ないけど、「GOサイン」を「ゴーサイン」と表記するとピンとこないから不思議。

フィックスする

固定するのだ。はっきりと決めるのだ。それだけならわかるのだ。けど、「いちおうフィックス」とはどういうことだ？ だから、「仮にフィックスしました」ってなんなのよ？ 「以前、仮にフィックスしといた件ですけれど……」って蒸し返されてもよくわからないよ。

ケアする

手当すること。手を貸しておぎなうこと。などと言うと定義がむつかしくなるが、要するに「やりっぱなしにすんなよ～」「助けてやんなよ～」というニュアンスでよく使われる言葉。

「例の件、ケアしといてねー」。

頭に「アフター」をつけて使われることも。

アグリーする

いや、さんざんいろんな横文字言葉を並べてきてこんなことを言うのはなんだけれども、これは「同意する」でいいんじゃないだろうか。でも、外資系企業などではふつうに使用されているとか。いやはや。けど、「怒る」ことを「アングリーする」とかは言わないのな。そのへんの境界は誰がどうやって決めているのだろう。

プッシュする

支持する。強く主張する。応援する。頻繁に使われるわりにマヌケな響きのある言葉。外国人力士の力強い突っ張り攻撃などを思い浮かべるのはやめていただきたい。

ブラッシュアップする

要するに、企画などを、より現実的なものに仕上げていくこと。「ブラッシュアップしたのちにお持ちします」などと言うとかなりデキる感じだが、じつはふつう。

オーソライズする

口にするとなんとなくえらくなったような気がするのでぜひ使いたいと思ってはいるのですが、どういう場面で使うのかいまひとつ不安なんですよ。ああ、「公認してもらう」ことだったんですか。ありがとうございます、つぎの会議で使ってみます。

セグメントする

「セグメント」だと、各層、各部位、といった意味になり、「セグメントする」だと、棲み分ける、各層に向けて対応させる、といった意味合いになるという。このへんの言葉になると、もはや、きちんとした英単語の暗記を要求されるような気がする。単語カードの表裏にオトナ語を書いて、通勤中に丸暗記しようとしているビジネスマンもいるとかいないとか。いないけど。

エクスキューズする

言いわけすること。「これは言いわけですけどね」とは口が裂けても言えないが、「先にエクスキューズしておきますが」とは言えるからオトナっておもしろい。ちなみに部下をしかりつけるときは「言いわけすんな！」と日本語になり、「エクスキューズすんな！」とは言わないから気をつけよう。

パンクする

いっぱいいっぱいであることの別の言いかた。「アップアップ」「パッツンパッツン」など許容量の限界を示す言葉にはさまざまなバリエーションがあるが、老若男女を問わず愛用されている永遠の定番商品が「パンクする」である。「ただいまパンク寸前の状態でして」などと丁寧な言い回しにも仕込むことができる。

フラットにする

いったんゼロに戻す。あるいは、条件を同じにする。などと書くと、クレバーな印象があるが、実際にこの言葉が飛び出す現場は大混乱していることが多い。「いや、もう、とにかく、いったんフラットにしようや」といった、切羽詰まった感じで使用される。

ヒアリングする

事前に意見や情報を集めておくこと。対象者を絞り、意見をつのったうえでそれを書類などにまとめるのがヒアリングの最上級だが、学生時代の知り合いなどに電話をかけて「久しぶり〜、突然ごめんね〜、あのさあ、今度さあ、こんな商品が出るんだけどさあ、ヨッちゃんだったらさあ、いくらなら買う？」というのも広義にヒアリングだったりする。

アサインしておく

当てはめる、予約する、の意。

「宮本くんをアサインしておくから」

さて、ここで例の本質的な疑問が、またしても頭をもたげてくることとなる。野暮を承知で言ってみようかな。あのう、みなさん、これ、日本語で言ったほうがいいのではないですか？

マニュアル化する

仕事をすべてマニュアル化しておけば、その人が突然会社に来なくなっても平気なのだ。実作業はもちろん、電話応対もマニュアル化、会議室の使いかたもマニュアル化。なんでもかんでもマニュアル化。しまいにはマニュアル化する際のマニュアルができる始末。いや、これ、皮肉じゃなくてほんとの話。

アンドをとる

他部署などと連絡を取り合い、共通認識のもとになにかを決めること。「じゃあ、法務部と出版部とアンドをとって、打ち合わせの場所を決めといてよ」などと使う。なんとも奇妙な言い回しである。語源はコンピュータ用語との説がある。

ウェルカムです

そのまま訳して「歓迎します」と受け取ってオーケー。

「いやもう、ウチとしてはウェルカムですが」

「そうなったらそうなったでウェルカムですし」

「こっちはいつでもウェルカムですよぉ」

「むしろ、ぜんぜんウェルカムです」

ほんと、おもしろいこと言うなあ、オトナは。いちおう、語尾が丁寧になってるのも味わい深い。

シズル感

これまた学生諸君には説明しづらい言葉である。要するにアレだ、ステーキを思い浮かべてみたまえ。焼きたてのステーキを思い浮かべてみたまえ。それは、ジュージューしているだろう？　その「ジュージュー」がシズルだ‼　その「ジュージューしてる感じ」がシズル感だ‼　つまり、訴求すべき対象に、そのものの持つ「ジュージューしてる感じ」を伝えて、お客さんを「そそらせる」ことこそが、「シズル感を出す」ということなのである。おお！　これは我ながら見事な説明だった！　説明したら、腹が減ってきた！

ノーです

「現場の意見としてはノーです」。不思議なことだが、「イエスです」とはあまり言わない。

マストとウォント

マストは「やるべき」ことで、ウォントは「やってほしい」こと。微妙な話だなあ。

「次回のおでんにおいて、だいこんはマストですけど、ちくわぶはウォントです」

「あなたにとって結婚はマストなの？　ウォントなの？」

「ヨットにおいて、シュノーケルはウォントですが、マストはマストです」

ああ、またヨットの話を書いてしまった……。

ウォンツとニーズ

ええと、今度はなんだ？　「ウォンツ」は「欲しいという願望」で、「ニーズ」は「必要性のあること」？　こういう言い回しをすることは「ウォンツ」なの？　それとも「ニーズ」？　ええっ「マスト」かよ!?

DNA

遺伝子という意味を拡大解釈し、職場に受け継がれる伝統、気質のようなものを気取って表現する言い回し。「それが営業二部のDNAなんだよ」「企画部のDNAとして残していかんとダメだろう」
本来の意味を知っているからといって、「それが我々第一開発部のデオキシリボ核酸なんだよ!」などと言ってはいけない。

γ-GTP

酒好きを脅えさせる恐怖の数値。アルコールに反応する酵素で、健康診断によって知らされる数値は肝機能の正常さを知る手がかりとなる。要するに、この数値が上がってるとヤバいのであって、もっと端的に言うとすれば、「おまえ、酒飲みすぎだ!」ということになる。

ASAP

アズ・スーン・アズ・ポッシブル! 可能な限り早く、という意味だって! 来日中のアカペラグループかと思ったよ。

PCB

プリーズ・コール・バック!!
デンワ・シテ・アゲテ・クダサーイ!!
予防注射でもカード会社でもありません。

FYI

フォー・ユア・インフォメーション!!!
ゴサンコウ・マデニ!!

昔話をオトナ語でアレンジ①

【浦島太郎】

乙姫「浦島様、これはつまらないものですが、こちらへおいでいただいた、ほんの記念と申しましょうか。お荷物になってしまってアレなのですが、お持ちくだされればと」

浦島「わっ、なんでしょうか。うわー、どうしましょう、こんなおみやげまでいただいてしまって……。こちらからはなにもお持ちしておりませんのに」

乙姫「いえいえそれはもう、ほんとうにたいしたものではございませんから。ただ、この箱は決してお開けにならないでください。お開けになりますと、いろいろ、その、なんですか、困った問題が起きる可能性がありますので」

浦島「具体的にはどの問題のことをおっしゃっているのでしょうか」

乙姫「現時点では、具体的にはなんとも表現しようがないのがもどかしいのですが。いえ、無茶な申し出であることは重々わかっております。しかし、ともかく開けてはいけない、開けずにお持ちいただきたいというのが、その、上からの指示でもありますので、この場はひとつその、私の顔を立てていただくようなわけには……」

浦島「わかりましたわかりました。問題ありません。ありがたく頂戴いたします。決して開けませんので、ご安心ください」

乙姫「なんだか、かえって申しわけありません。お気を遣わせまして」

浦島「いえいえいえ。そんなそんな。もうもう」

（提供者：MAMAMA）

昔話をオトナ語でアレンジ②

【浦島太郎】

浦島「ご無沙汰しております、浦島でございます」
ヒラメ「あぁ、浦島さん。先日はお疲れ様でした」
浦島「たいへんありがとうございました。手前のような身にあのような席を設けていただきまして、恐縮至極にございます」
ヒラメ「いえいえ、こちらこそ、いつもお世話になっておりますので。で、今日はどのようなご用件で？」
浦島「はい、宴席の手土産の件ですが……」
ヒラメ「あぁあぁ、お気になさらないでください、私どもの気持ちということでご査収ください」
浦島「いえ、あのですね……それが箱を開けたとたん、ドカンという具合でして……」
ヒラメ「開けちゃったんですか！？　……浦島さん、うちの上のにんげんからも開けずにいていただきたい旨、お伝えしたと思いますが？」
浦島「その点につきましては、面目しだいもございません。しかしながら、生もので悪くなってしまってはかえって申しわけないと……」
ヒラメ「お気遣いいただくのはかまいませんが、そのへんの責任の所在は、あの場でコンセンサスいただいてますよね？」
浦島「そうなんですが……」
ヒラメ「浦島さん。この程度のことで両者の関係を悪化させるのは弊社にとってもマイナス要因だと考えられますし、それ以前に問題提起のきっかけがナンセンスです。今日のやりとりにつきましては水に流しますので、今後とも変わりないおつき合いをしていただくということで、お引取り願えませんでしょうか？」
浦島「はい……申しわけございませんでした。今後ともよしなに……お忙しいところお手数をおかけしました」

（提供者：うしろまえ）

昔話をオトナ語でアレンジ③

【桃太郎】

猿　「お世話になります。唐突なお話で申しわけございませんが、お腰のきびだんごにあたるものを頂戴する、というわけにはまいりませんでしょうか」

桃太郎　「こちらこそお世話になります。ええ、ええ。かまいません。ただ、一点、ご説明申し上げておいたほうがスムーズかと存じますが、こちらのきびだんごに関しましては、当方で今後視野に入れております、鬼退治という極秘プロジェクトのプロセスにおいて活用したいと考えております」

きじ　「と、おっしゃいますと？」

桃太郎　「ええ、端的に申し上げますと、プロジェクト参加に対するフィーと、お考えいただいてよろしいかと存じます」

犬　「横から失礼いたします。それは、退治完了時点での成功フィー、と考えたほうがよろしいのでしょうか？」

桃太郎　「ご質問ありがとうございます。いえ、このプロジェクトに関しましては、かなり時間的労力や物理的リスクが見込まれますので、参加時点でのフィーと考えております」

猿　「突っ込んだ質問で恐縮ですが、成功した折には、きびだんごとは別途のフィーが発生する可能性もある、ということでしょうか」

桃太郎　「そう考えていただいてけっこうです」

きじ　「生々しい話で恐縮ですが、具体的にはどのようなものが見えてきますでしょうか」

桃太郎　「現時点ではなかなか見えにくいのが実情ですが、手前どもの古いにんげんに訊きましたところ、鬼ヶ島には、かなり金銭的価値のある資産が存在するということでして、また、その資産は法律的にはどこにも属さずフリー案件ということですので、確約はできないものの、そのあたりの現物支給などがフィーとして考えられると思います。あ、この件は、くれぐれもオフレコでお願いいたします」

猿・犬・きじ「了解です」

（提供者：むらい）

昔話をオトナ語でアレンジ④

【桃太郎】

おばあさん「手前味噌に過ぎるかもしれませんが、かように大きな桃を入手できましたのも、やはり毎日かかさず川に洗濯に行っていればこそ、と考えます」
おじいさん「あなたの実力のほどは十分、評価しております。ですが、やはり桃の本当の価値というのは、大きさうんぬんよりも、味にこそあるということは申し上げるまでもないでしょう」
おばあさん「もちろん、その点をなおざりにするわけではなく、味についても、この色、つや、においから十分期待できる、と踏んでおります」
おじいさん「とにかく、早急に、食してみないことには、まだ議論のスタート地点にも立っていないのではないでしょうか？」
おばあさん「言われるまでもありません。とにかく割ってみます」
桃太郎　　「ほぎゃー」
おじいさん「これは、どう解釈すればよろしいのでしょうか？」
おばあさん「まったく予想外の事態といわざるを得ません。早急に帰社し、本部長の渡辺と緊急対策会議を開催いたします」

（提供者：Inu）

昔話をオトナ語でアレンジ⑤

【桃太郎】

「桃太郎さま！　桃太郎さま！　お急ぎのところお呼びだてして申しわけございません！　貴社製品、きびだんご1ケース、大至急、手前どもに発送していただけないでしょうか？！」
「わっかりましたっ！　わっかりましたっ！　じつはですね！　ここだけの話、当方本日、例の鬼ヶ島社にナニするところなんですわ！　それでですね！　そちらの腕の立つ方、若干名お貸しいただけないでしょうかねえ！　あ、助かりますう！　はい！　到着しだい、きびだんごのほう手配させていただきます！　恩に着ますっ！」

（提供者：まむう）

昔話をオトナ語でアレンジ⑥

【桃太郎】

Memo & Minutes

To：　桃太郎渉外部長

From：　渉外部　猿　Date：2003.9.2（火）

Subject：　鬼ヶ島（株）との金銀財宝に関する事業提携について

Date & Time：　2003.8.29（金） 14:00 -16:00

Place：　鬼ヶ島（株）会議室

Member：　鬼ヶ島（株）　赤鬼金銀財宝事業本部長、青鬼金銀財宝事業推進室主査

当社渉外部　桃太郎部長、犬主査、雉主任、猿

経緯：　・数度にわたり鬼ヶ島（株）（以下O社）が来社し、当社との金銀財宝に関する事業提携の提案がなされた。

・その際、当社よりO社に対し、当社の金銀財宝のサンプルを提供した。

・O社に対し、当社として金銀財宝に関して事業提携できない旨およびサンプルの返還を求める旨の意思表示を行うべく、O社を訪問した。

結論：　・両社は金銀財宝に関する事業提携を行わないことに基本的に合意した。

・両社は、当社がO社に提供した当社の金銀財宝のサンプルをO社が返還することに合意した（当日受領ずみ）。

・ただし両社は、引き続き友好関係を維持することに合意した。

・9月の1日の週中にO社が当日の議事録を作成する。

以上

配布先：　おじいさん常務、おばあさん取締役

（提供者：JM）

OTONAGO NO NAZO?
CHAPTER 03

オフィス篇

ひとたび社会に出れば、
人は多くの時間をオフィスで過ごすことになる。
地域によって交わされる言葉が変わっていくように
オフィス特有の言葉が生まれて自然である。
ここでは、オフィスで頻繁に使われがちな
オトナ語を集めて並べてみた。
業務を円滑に進めるために生まれた合理的な言葉もあるし、
伝達内容をただ曖昧にするためだけに生まれた言葉もある。
平素オフィスで当たり前に使っている言葉でも、
こうしてあらためて並べて眺めてみると、
それらがひどく謎めいていることに気づくだろう。
日常に溶ける非日常。それがオトナ語。

体調不良

厚生省発表の二〇〇三年度全国勤務状況白書によれば、オトナが会社を休むとき、その理由の約7割は「体調不良」であるという……。そんなウソをついてもあっさり信用されかねないほど、全国の職場で「体調不良」は猛威をふるっている。休み、遅刻、早退……理由の多くは「体調不良」。でも、それって理由になってるの？

病院立ち寄り

述べたように、欠勤理由のトップは「体調不良」だが、遅刻するときの理由のトップは「病院立ち寄り」である。

役所立ち寄り

遅刻理由として2番目に多いのが「役所立ち寄り」である。毎度いったいなんの手続きをしているのだろうか。

荷物受け取り

意外に遅刻理由として多いのが「荷物受け取り」だが、土日に配達してもらえばすむ話ではないだろうか。ほかには、「免許更新」や「銀行立ち寄り」、そしてやはり「体調不良」がある。遅刻欠勤の王様、それが「体調不良」。

直帰

外で用事をすませたら、オイラはもう、会社に戻ってこないでそのまま家に帰っちゃうぜ、というのがつまり「直帰」であって、横文字で表すならば「ノー・リターン」。さらにそれを略して「NR」。ホワイトボードに書かれた謎の二文字は、「このまま直帰します」というオトナのメッセージ。読み解け、真意！

打ち合わせNR

社外で打ち合わせしたあとそのまま帰りますということであって、間違っても、「酒飲んで帰る」ではない。同様に「取材NR」や「現地視察NR」など、さまざまなバリエーションがあるが、とにかく「NR」の二文字があったら、その人はもう会社に戻ってこないと心得よう。そして、自分が書くときは、こっそり書くこと。

直行

社外での仕事をすませてそのまま自宅へ帰ることが直帰であるなら、家から現場へ直接向かうことが「直行」である。直行する場合、前日に連絡を入れておくのが礼儀であり、朝になって「今日は直行します！」と告げた場合は、遅刻と印象が変わらないので注意しよう。

直行直帰

直行と直帰が織りなす夢のコラボレーション。それがすなわち、「直行直帰」。要するに、家から直接現場に行って、業務が終わればそのまま家に帰るという、それがほんとに会社員なのかと突っ込まれかねない荒技である。当然のことだがこれは幾多の修羅場をくぐり抜けたオトナ中のオトナしか会得できぬ必殺技であり、新人がマネをすると取り返しのつかないことになるから注意。

定時

就業規則で定められた業務時間の始まりと終わりの時刻を指すが、どちらかというと終わりの時刻を指すことのほうが多いようである。残業の多い業種においては、「……すいません、今日どうしても外せない用事がありまして、ほんとうに申しわけありませんけど、定時で退社してもよろしいでしょうか?」などと、定められた時間に帰るだけなのに、よくわからない気配りをせねばならない場合もある。

九時五時

業務が午前9時に始まって午後5時に終わること。ひいては残業のない様。ときには、公務員やお役所そのものを指すこともある。

「人生で一度くらい九時五時の会社で働いてみたいよ」

定時ダッシュ

業務終了時刻の訪れとともにダッシュで帰る様。おもに女性社員が口にするようである。

「今日は約束あるから、定時ダッシュなの」

ちなみに定時退社を「定退」と呼ぶこともあるらしい。

ベルサッサ

そして、終業のベルが鳴ると同時にサッサと帰ることを「ベルサッサ」と呼ぶとか呼ばないとか? しばしば「ベルサ」と略されることもあるという。ほんとかよ。

押した?

「あなたはタイムカードに打刻しましたか?」の意。

シマ

課ごと、部ごとの机のかたまりを指す。「渡辺本部長なら窓際のシマにいますよ」などと使う。各種小売店などでは、壁づけされていない独立の棚をこう呼ぶことも。

私物

これは会社の備品ではなく、私個人が私個人のお金を使って購入した私個人の所有物である、という強い主張。たとえふつうのハサミにすぎなくても、「山下私物！」などというシールが貼ってあったらそれはれっきとした個人財産であるから、ことわりなく使ってはいけない。一回ホッチキスを借りただけなのにものすごく怒られることがあるぞ。ちょっと消しゴムを借りただけで2年分の人間的信用を失ったりするぞ。にしても、せっかくのデザインがそのシールで台無しだと思うんだけどな。

雪崩

うずたかく積まれた書類がその重みに耐えきれず崩れること。平素あまりにも当たり前に使っている言葉であるが、言われてみれば辞書に机上の崩壊を示した説明はなく、学生の机に書類が積まれることも考えにくいため、じつはオトナ語ではないだろうか、と。

裏紙

ある日、天才発明ビジネスマンは気づいた。

「失敗したコピーの裏は白いじゃないか！　これをメモ用紙がわりに使えばいいじゃないか！」

それを聞いた天才発明ビジネスマンの妻は言った。

「すばらしいわ、アナタ！　あと、なにか、内部で使う文書をプリントするのもいいわね！」。

そのようにして、「裏紙」という言葉が生まれた。

ハンコをもらう

ハンコそのものをもらってきてはいけない。それではただの窃盗犯だ。ハンコを押してもらうことであり、つまりは、承認してもらうこと。

「まずは部長にハンコもらってからじゃないと」

スタンプラリー

オトナの社会ではチェック機構が発達しており、申請書類ひとつとってみても、じつにさまざまな関係者に承認してもらう必要がある。前述したとおり承認の証拠はハンコであり、結果的にその書類には資源の無駄ではないかと思えるくらいの量のハンコがべたべたと押されることになる。自然、担当者のもとに書類が帰ってくるまでにはずいぶん時間がかかる。オトナたちはその流れを自虐的に「スタンプラリー」と名づけたのである。

落ちてる

誰も使っていないパソコンやディスプレーなどが放置されている場合、オトナはそれを「落ちてる」と表現する。

「キーボードはそのへんに落ちてるの使ってよ」

怒られる

パソコンで作業していて頻繁にエラーメッセージが出るようなとき、オトナはそれを「怒られる」と表現する。

「なんか、ファイルがないって怒られちゃうんだけど?」

なにもしてないよ

「おかしいなあ。おまえフリーズしたときなにしてた?」

「なにもしてないよ!」

社販

自社の製品を社員が安く買えるシステム。ってことは、あの会社に就職すればあんなものもこんなものもタダ同然で手に入るんじゃねえか、などと妄想をたくましくするのは二十歳前後の若者特有の無駄な情熱である。市場で大人気の商品は思ったほど安くならないし、ことによれば社員でも買えないなんてこともあるのである。あと、知人がそこの社員だからといってなんでもかんでも社販してくれとたのむのはオトナ気ないから気をつけよう。

～階

～部分には適当な数字が入り、「～階にいる連中」を広く指す。社長室や役員室がワンフロアーに集まっている場合、決定した方針などを説明するとき「これ、8階の意向だからね」などと使う。

～部

職場の同志が集まって行う活動全般を指すが、野球部、陸上部といった正式なものから、カラオケ部、焼肉部などの厳密には部活ではないもの、メガネ部、ダイエット部、かな打ち部、新しいカップ麺を食べる部といった、「たんにそういう人をまとめて呼んでるだけじゃん」というものまで、会社にはさまざまな部があるのだ。

～メシ

オトナは「メシ」の前にさまざまな文字をつけてそれがどんな食事であるかを示す。「ハヤメシ」といえば早めのメシとか急ぎのメシであり、「オソメシ」はその逆。「ウチメシ」は打ち合わせしながらの食事か、打ち合わせ後の食事。「サクメシ」はサクッと食事することであり、特殊な例では、外国人と食事する「ヨコメシ」がある。

席を外しております

いまいない、ということ。電話応対の際に多用される言葉。ちなみにここでいう「いまいない」とは社外に出かけているわけでもなく、休んでいるわけでもなく、少しの時間、姿が見えないということを指す。なお、会社によっては「席外し」という言葉が存在するようであり、これは、「内藤いる?」「席外しでーす」というように使うらしい。便利であるような気もするが、「席外し」という名詞への活用はいささか柔道めいている。

「ニッポンの田中、セキハズシで一本勝ちです!」

本日は失礼させていただきました

「失礼」を「させて」、「いただく」? なにそれ? 「失礼」を、「させて」、「いただき」、「ました」? で? どういうこと? え! 帰ったってこと!?

社内にはいると思うんですが

電話がかかってきてるのに、さっきからあいつはいないぞ。外出でも会議でも食事でもないぞ。ネームプレートは白のままだぞ。

「ええと、社内にはいると思うんですが」

その後に続く「どこで油を売ってるかわかりません」はオトナの判断によって飲み込まれる。

失礼ですが……

電話口などで多用する言葉であり、その内容は「名を名乗れ」ということである。しかしながら、言葉の実体は「失礼ですが」部分にはなく、続く「……」の部分、すなわち沈黙部分にある。この「……」こそがヤツの正体! 数秒沈黙することよって相手はいたたまれなくなり、ついに自分の名前を白状してしまうのだ!

折り返し

オトナが何を折り返すかといえば、電話なのだ。オトナは点線に沿って紙を折り返したりはしないのだ。もしも相手が不在なら、すかさず「折り返しお電話いただけますか？」とかませ。逆の立場であれば、「折り返しお電話させましょうか？」と先手を打っておけ。ついでに、「折り返します」「折り返させます」「折り返せます？」といった活用も覚えておけ。

オリテル

ローカルな言葉かしらと思っていたら、けっこう普及しているらしい。オリテル、それは「折り返しＴＥＬする」の略！　なお、「オリテルヨロタム」で「折り返しＴＥＬをよろしくたのみます」を表すという職場もあるらしいけど、それはギリギリ却下させていただく。

お電話が少々遠いのですが

電話を通じたあなた様の声が音量として小さく、どうにも聞き取りづらいのですということ。ひいては、もうちょっとデカい声でしゃべってもらえませんかということ。冷静に考えればなんともおかしい言い回しだが、オトナは冷静に考えたりしない。直訳するとおかしな英語になりそうである。

電話があったことだけお伝えください

それっていったいどういうことよ？　電話があったとだけ伝えるの？　用事あったんでしょ？　あったからかけてきたんでしょ？　けっこう急いでるんでしょ？　電話かけ直してほしいんでしょ？　なのに「電話かけ直してください」って伝えちゃダメなの？　んもう、オトナってほんとによくわかんないよ！

～と言えばわかると思います

電話したところ先方は不在。そんなときは、応対してくれた方に礼を述べつつ謎のメッセージを残しておこう。

「B社の谷川と言えばわかると思います」

「六本木の件と言えばわかると思います」

「平賀源内とエレキテルと言えばわかると思います」

「借金返せ、と言えばわかると思います」

～でよろしかったでしょうか?

電話口のお姉さんは僕のことをなんでも知ってるのだ。

「コバヤシトモヒデさんでよろしかったでしょうか?」

「レンタル期間は2週間でよろしかったでしょうか?」

「不在の場合は携帯へ連絡でよろしかったでしょうか?」

「175センチ、中肉中背、でよろしかったでしょうか?」

「尊敬する人物は平賀源内でよろしかったでしょうか?」

いただいたお電話で恐縮ですが

この言い回しがスッと出てくるようなら、あなたはいっぱしのオトナだ。かかってきた電話をそつなくこなし、相手の用件が終わったところで、すかさず伝え損ねていた案件や確認事項などを切り出す。

「すいません、いただいたお電話で恐縮ですが……」

言われたら「おぬしできるな」と思うべし。

お使いだてして申しわけありませんが

これまたスッと言えると「おぬしできるな」と思われる上級なオトナ語。電話で話している相手が自分の用件を終えてホッとしたすきに、誰かへの伝言や用件などをことづけるときに使う。

「すいません、お使いだてして申しわけありませんが」

家で受話器を持ちながら練習だ。

お待たせいたしました

何回か呼び出し音が鳴ったのちに受話器をとった場合、できるオトナは、まず最初に「お待たせいたしました」のひと言を発するという。とある職場のルールを紹介すると、受話器を取るまでに3回呼び出し音が鳴っていたら「お待たせいたしました」で、5回呼び出し音が鳴っていたら「たいへんお待たせいたしました」と言わなければならないらしい。数えてるのもすごいけど。

お電話代わりました

取り次いでもらった電話に出るときは、このひと言から入るのがふつう。そう考えると、オトナは意外に「もしもし」を使わないのだな。必ず使う場面といったら、電話が切れてしまったときの「あれ？　あれ？　もしもし、もしもぉーし！」くらいだろうか。

何度かお電話したのですが

実際に何度もかけて相手がつかまらなかったことを説明している場合もあるが、1回しかかけていないのに、こう言うこともあるから注意すべきである。

「何度かお電話したのですが、お留守のようでしたので、お伝えするのが遅くなってしまいました。それでですね、どうも今週中の納品が厳しそうなんですよ」

ほんとに何度も電話をかけたのか調べたくなるが、残念ながら現在の技術では不可能である。

なにかあったら連絡ください

おもに、出先からの直帰を企てる人が使う。すべての職務が終わったからこそ直帰するのであり、しかもいつでも職場に戻る準備がありますよという意味が込められている。いわば直帰者の完全理論武装。

出先まで追いかけましてすいません

どうしても連絡を取りたい場合、オトナはあらゆる手を尽くしてどこにいようとその人の居場所を突き止める。そしてついにその人をつかまえて言うのだ……。

「出先まで追いかけましてすいません！」

いま、お電話大丈夫ですか？

携帯電話普及以前のマナー講座にはこういった気遣いはなかったのかもしれない。個人へかける電話はまずこのひと言から始まる。「いま、お電話よろしいですか？」も同じ。しかしながら、この質問は美容院における「かゆいところはございませんか？」に似て、なかなか真意を告げにくい。また、「ちょっといま移動中で……」くらいのことを言えたとしても、「じゃ、すぐすませますね」などと言われてけっきょく最後まで話されてしまう。

～様の携帯電話でしょうか？

そう、いままさに、携帯電話におけるマナーはオトナたちによってつくられている最中なのだ。おそらく、もう10年もすれば、礼儀正しく携帯電話を使うためのマナーが、まるで古来からある道徳や倫理のようにして一般に認知されるのである。まるで憲法の草案をつくる明治維新の青年のごとく、オトナたちは携帯電話でのやり取りを洗練させている最中なのだ。それが認知されたとき、年輩者は「最近の若者は携帯電話なんか使って」とブツブツ言うのではなく、「最近の若者は携帯電話のかけかたも知らん！」と言って憤るのであろう。

ちっとも用語の説明をしてないことに気づいたので話を戻すと、仕事上のつき合いしかない人が、用事があって個人の携帯電話へかけるときは最近このように言いがちである。意地悪な取りかたをすれば「オレは携帯電話じゃない！」とも言えるのだろうがそこはオトナになってほしい。なにしろ、彼らはマナーを模索中なのだ。

復唱します

電話番号を教えてもらったときはこう返すのがオトナ。

「電話番号は、×〇××の〇〇××です」

「復唱します。×〇××の〇〇△△ですね?」

「違います、×〇××の〇〇××です」

「復唱します。×〇××の〇〇△△ですね?」

「違います!」

復唱するくせに間違える人っているんだよなあ。

鈴木は部内に3人おりまして

電話をかけてきた人が「鈴木さんはいらっしゃいますか?」と言ってきたときに返す必殺フレーズ。

「恐れ入りますが、部内に鈴木は3人おりまして……」

準備のいいオトナはそれに対して「女性の鈴木さん」「メガネをかけた鈴木さん」などを用いるという。

折り返す!

電話を取り次ごうとして、その人の名前を呼ぶと、その人は非常に忙しいらしく、こちらをキッとにらんで、まるで私が悪いかのようにこう叫ぶ。

「折り返す!」

いまいない!

電話を取り次ごうとして、その人の名前を呼ぶと、その人は非常に忙しいらしく、こちらをキッとにらんで、まるで私が悪いかのようにこう叫ぶ。

「いまいない!」

ちょっと3分いい?

といっても3分ですむことはまずない。同様に「2分で終わらせるから待ってて」も信用できない。「3秒で終わります」は、はなから無理である。

ちょっと体貸してくれる?

いったいオトナたちはボクの体をどうするつもりなのだろうか? 「いま体空いてる?」と言われて、どう答えればいいのだろうか?

ちょっと~くん貸してくれる?

「わしゃ醤油かい!」と当事者なら思うだろう。けれど不思議とイヤな気はしないものである。

ちょっといいですか?

いいですけど、なんだか宗教の勧誘みたいですね。

ちょっと、一瞬いい?

いいですけど、「一瞬」なわけないでしょ。

訊いていいですか?

ていうか、もう訊いてるから、それ。

変なこと訊きますけど

変なこと訊かないでよ。やだなあ。

たのまれてくれる?

かたちとしては質問だが、意味としては命令であるという、じつにオトナっぽい言葉。「はい」と言うしかない。

なにしてる人?

今日の夜ってなにしてる人? 明日の午後ってなにしてる人? 来週の……いいからさっさとたのんでくれ。

こーゆーの得意?

ねえねえ、こーゆーの得意でしょ? (これやってください)。あそこの会社、こーゆーの得意だから。(これ、あそこにやってもらおうよ)。こーゆーの得意な人がいるじゃないですか。(ほかの人にたのんでください)。

悪いんだけど

この切り出しから続く言葉は「拒否できない命令」と受け取るべきである。すなわち、「悪いんだけど」と言われた人はすでに死んでいる。あと、「悪いんだけど」と口にする人は、ちっとも悪いと思っていないので間違わないようにしよう。

「悪いんだけど、これ現場に届けてくれる?」

左手で書いてよ

とくに原材料を必要としない職種の人に対して、顔見知りが顔見知りであることを利用して、ちょっとしたことをお願いするときに使う言葉。

「ごめん、ちょっとこれ急ぎでさ。ね? ちゃちゃっと左手で書いてよ」

ほんとに左手で書いたろか、とは思ってもできない。

誰かいる？

外出している人が、勤務時間を2時間ばかりすぎたあたりで会社へ電話をかけてきてこう言う。

「もしもし、いま誰かいる？」

そりゃ、電話に出ているアタシがいるんだからいるだろうよ、と思ってみても、口には出さない残業ＯＬ。

まだいるの？

残業していた社員が、残業していたほかの社員を見かけ、互いの労をねぎらうようにそう問いかける。「あなたもこんな時間までがんばってるんですね」というニュアンス。しかしながら「後藤さんって、三課にまだいるの？」と小声で問いかけるような場合は、あの人はまだ会社を辞めていないのですか、という意味になるので注意が必要である。

いい人なんだけどねー……

あいつはこういうところがほんとうにダメだ。あの人はなんでああいう言いかたをするのだろう。同じミスが続くのはあの人のやりかたにこういう問題があるからだ。数人でそういうふうに誰かを分析したあと、若干の後ろめたさから誰かがフォローする。

「いい人なんだけどねー……」

それに応えて一同は口をそろえる。

「いい人なんだけどねえ～」

南の島にでも行きたいなあ

もしくは「温泉にでも行きたいなあ」。どちらにせよ、多忙時のオトナが宙に向かってつぶやく逃避への祈りであり、つぶやく本人にもしばらくそれが叶わないことはわかっている。わかってはいるのだけれど。

……いそがしい？

オトナは、エレベーター内で半端な知り合いとふたりきりになったとき、その重い空気を打ち破るために四十八通りもの切り出しかたを身につけているのだ！　エレベーターのドアが閉まり、しばしの沈黙のあとオトナは「……いそがしい？」とささやく。ほかに「……どう？」や、「……いまなにやってんだっけ？」などが知られる。

……何階ですか？

述べたように、オトナはエレベーター内の重い空気を打破する四十八通りもの切り出しかたを身につけている。エレベーターのドアが閉まり、沈黙が訪れるその前に。

「……何階ですか？」

あまり面識のない他部署の人などと乗り合わせたときはとくに重宝するフレーズである。

〜行きますけど、なんかいりますかぁ？

「コンビニ行きますけど、なんかいりますかぁ？」

「駅前まで行きますけど、なんかいりますかぁ？」

「スタバ行くけど、なんかいりますかぁ？」

新入社員が社外にちょっとした買い物に出かけるときは、このひと言を忘れてはならない。

「じゃがりこチーズ！」「なんか、おにぎり！」「うまそうなパン！」「甘そうなお菓子！」「ラテのトール！」「モカ、グランデ！」「モカフラペチーノショートでホットで！」「弁当！　おまえの感性で！」「……俺は何が食いたいだろうなあ……任せるわ」

もちろん、「なんかいりますかぁ？」を言うときはあらかじめメモを持っておくべきである。支払うときは、会社に帰ったあとやり取りされる小銭を意識すべきである。レシートをもらい忘れるのは論外である。たかが買い物とはいえ、その新入社員の人間的センスが意外に本気でチェックされているということを忘れてはならない。

すばらしい

会議でそんなふうに言われたとしても喜んではいけない。それは「あ、ありがとね」くらいの相づちにすぎない。

美しい

膨大なデータを処理し、それを最後にたしかめたところ、ひとつのミスもなく完全な仕事だった。その表を前にして思わずつぶやく。

「美しい……」

理系の上司などがつぶやきがち。

悪くないですね

かなりのほめ言葉といっていい。いろんな関係者もいるので、私個人が即座にほめるのもどうかと思うけど、きっとこれはよいから、自分がよいという反応をしたことは伝えておきたい、という、じつにオトナな意味合いを含むほめ言葉。ここは「恐縮です」とクールに答えておいて、ひとりになったときに小さくガッツポーズしよう。オトナって難しいなあ。

悪くはないですね

前述した「悪くないですね」に一文字加えられただけだが、これは「結果的にはダメだ」ということになる。いや、ほんと、オトナって難しいわ。けど、言うほうも言われるほうも誰に教わるでもなくこのへんの機微を感じ取っている。意外にオトナってたのしいかもよ。

いい感じにしておいて

部下にいろいろ注文つけてるうちにわけわかんなくなってきちゃった。あれれ？　けっきょくオレはどういうふうにしてほしいんだっけな？　ああっと、ここでガツンと言っとかないと、上司として面目が立たないな。ええと、こういうときに、たしか便利な言葉があったはずだぞ？　あ、そうだそうだ、こう言えばいいんだ。

「じゃあ、まあ、いい感じにしといてよ」

甘い気がする

この企画は、切り口が甘い気がする。この商品は、デザインが甘い気がする。このレポートは、全体的に甘い気がする。こっちの水は、甘い気がする。「甘い」だけでも曖昧なのに、「気がする」ってどういうことだ。謎の甘党発言にコドモは悩まされる。

よろしくない

あ～、それはあまり、よろしくないね。このあたりはとくによろしくない。つまり、どうにも、よろしくないね。あと、こっちのこれも、よろしくない。こっちがよろしくないから、ほんらいはよろしいはずのこっちまでよろしくなくなってる。ぜんたいてきにみると、なんだか、やっぱり、よろしくないねえ。

どうなのかな

う～ん、それはちょっとどうなのかな？　言ってる意味はわかるけどそれはちょっと、どうなのかナ？　先々のことを考えると、どうなのカナ？　絶対ダメってわけじゃないけど、ドウナノカナ？　キミはこれを見て、どうなのかな？　ほらよく見てごらんよ、どうなのかな？　どうなのかナ、どうなのカナ、それってドウナノカナ？

やぶさかではない

なんだか、政治家が使った言葉を喜んで使いたがる上司っているよね。「〜する努力を惜しまない」あるいは、「喜んで〜する」という意味。

学生気分

いつまでも学生気分じゃ困るんだよ、キミ！　でもこれ、言われたほうも困るよなあ。どうしろっての。

相談

部下が「ご相談があるのですが……」と使う場合はお願いがあります、という意味。上司がわざわざあなたの机まできて「ちょっと相談」と短く言ったらそれは命令。

仲良しクラブじゃないんだから

はたしてそんなクラブがほんとうにあるのだろうか。「仲良しクラブ」は「子どものおつかい」や「ボランティア」、古くは「慈善事業」といった言葉に置き換えられることもある。「風呂屋の釜じゃないんだから」と言う上司がいたら、その人は落研出身かもしれない。なんと言われようが、じっと下を向いて耐えよう。

オレは聖徳太子じゃないんだから

何人もの部下に同時に話しかけられた上司が言いがちな言葉。むろん「いくつもの話を同時に聞けないよ」という意味であり、「冠位十二階なんて定められないよ」とか「遣隋使なんて派遣できないよ」という意味ではない。しかしながら、そのように言う上司はまんざらでもない表情であるので、さほど反省する必要もないだろう。

オレ、頭悪いからさー

部下が説明していることの意味がよくわからないとき、上司がそう言うことがある。といっても、部下はいい気になってはいけない。「おまえの説明はわかりづらいぞ」の意味を含ませた上司のやさしさの表れであるということを知っておこう。ただし、まれに、ほんとうに、頭が悪い場合もあるぞ。

がんばってるねぇ！

あまり現場にいない管理職が、たまにやってきてそのように言う。「ちゃんとみんなを見てますよ！」というアピールだが、部下が具体的に何をがんばっているのかはわかっていないので、真に受けてはいけない。具体的な対処法としては、「どうもです」くらいのことをモゴモゴ言いながら軽く会釈すればよろしい。

出世したなー

後輩に向かって先輩が言うセリフだが、実際に出世したときに言うことはあまりない。たんに机が大きくなったとか、携帯電話が支給されたとか、名刺の裏に英語の名前が入ったとか、初めてバイク便を使ったとか、「領収書ください」とレジで言ったとか、なんかの間違いでその人宛にお中元が来たとか、社長の名刺をもらっちゃったとか、日替わり定食じゃなくてステーキ御膳を注文したとか、有休使って休んだとか、残業断ったとか、靴がピカピカだとか、パーマをかけたとか、こないだ女と歩いてたとか、じつにくだらな〜いレベルで使われる。

しかしもかかしもないだろう

口答えするな、反論するな、言いわけするな、弁明するな、という強い否定が「かかし」部分に込められている。

見えてこない

何かが却下される際、理由として挙げられるが、曖昧。

「う〜ん……企画の意図が見えてこないな」

いいんだけど

何かが却下される際、フォローとして添えられる言葉。

「う〜ん……企画の意図が見えてこないな。部分的には、いいんだけどね」

遊び

何かが却下される際、要求されたりする言葉。

「う〜ん……企画の意図が見えてこないな。部分的には、いいんだけどね。こう、遊びが足りないというか」

弱い

何かが却下される際、きちんとした根拠もなく、唐突に突きつけられる言葉。そんなこと言われてもなあ、と頭を抱えることになる。

「う〜ん……企画の意図が見えてこないな。部分的には、いいんだけどね。こう、遊びが足りないというか。ひとことで言うと、弱い」

軸になるもの

何かが却下される際、そこに足りないものとして指摘される言葉。そんなこと言われてもなあ、と頭を抱えることになる。

「う〜ん……企画の意図が見えてこないな。部分的には、いいんだけどね。こう、遊びが足りないというか。ひとことで言うと、弱い。もっと、軸になるものがないと」

がんばるだけじゃダメだろう

「う～ん……企画の意図が見えてこないな。部分的には、いいんだけどね。こう、遊びが足りないというか。ひとことで言うと、弱い。もっと、軸になるものがないと」

「そう思ってがんばってみたんですが……」

「がんばるだけじゃダメだろう！」

若い人の感覚で

「う～ん……企画の意図が見えてこないな。部分的には、いいんだけどね。こう、遊びが足りないというか。ひとことで言うと、弱い。もっと、軸になるものがないと」

「そう思ってがんばってみたんですが……」

「がんばるだけじゃダメだろう！」

「はあ……」

「もっと、こう、若い人の感覚で」

どうやったらできるか考えてみてよ

「う～ん……企画の意図が見えてこないな。部分的には、いいんだけどね。こう、遊びが足りないというか。ひとことで言うと、弱い。もっと、軸になるものがないと」

「そう思ってがんばってみたんですが……」

「がんばるだけじゃダメだろう！」

「はあ……」

「もっと、こう、若い人の感覚で」

「具体的に、どうすれば……？」

「そのへん、どうやったらできるか考えてみてよ」

「…………」

ばっさり

「あ、プレゼンどうだった？」

「……ばっさりでした」

選手

「ここはひとつ、浜崎選手にがんばってもらうか」

なんでまたボクは選手呼ばわりされているんだろう？ 運動部に所属したことなんて一度もないのに？

「ひとつたのむよ、浜崎選手！」

たのまれるのはいいですけど、なんで選手なんスか？

「おお、さすが浜崎選手、やるねえ！」

先生

「最近どうなの、先生？」って言われても。どちらかといえば、上司のあなたのほうが先生だと思うんですけど。

「浜崎先生、ついでにもうひとつ引き受けてくれない？」

あの、だから、たのまれるのはいいですけど、なんで先生なんですか？　肩もまないでくださいよ。

「おお、さすが浜崎先生、やるねえ！」

大先生

先生のアッパーバージョン。それが大先生！

「ごめん、ほんとたのむわ、浜崎大先生！」

大明神

選手、先生、大先生に続く謎の肩書き第４弾！　それが大明神!!　トラブルがあった場合によく使われる。

「こりゃもう清水大明神にお出まし願うしかないな」

御大

選手より先生、先生より大先生、大先生より大明神。そして大明神に匹敵する肩書きが登場！　それが御大！

「あ、それ、御大に訊いたらすぐにわかるよ」

ジュニア

90パーセント、いや、99パーセント、いや、ことによったら、100パーセントの確率で！　社長の息子は社内で「ジュニア」と呼ばれている！

若

社長の息子が社内で「ジュニア」と呼ばれているのは有名だが、新たに「若（わか）」もエントリーされた！

一族

親族が取締役に名を連ねるような会社では、社長の息子を「ジュニア」「若」と呼ぶだけでは全体を称することができないため、「一族」と呼ぶ傾向があるという。

カレシ（カノジョ）

といっても恋人のことではない。ある人が、仕事上、頻繁にやり取りしている異性のことを、まったく関係のない第三者が、はやし立てるようにそう呼ぶ。たとえば松本さんという女性がいて、取引先の小野寺さんという男性と頻繁に連絡を取っているとすると、小野寺さんからかかってきた松本さんへの電話をとってしまった児玉さんはこう言うのである。

「松本さ〜ん、カレシから電話だよ〜」

ひいては出入り業者や社内の人物にもこういった表現は適用される。たまに、ほんとにカレシ（カノジョ）だったりする場合もあるから注意が必要だ。

オトウサン

おおざっぱにいうと、包容力のある課長クラスを親しみを込めてそう呼ぶ。

「あれ？ 本田のオトウサンどこ行った？」

オニイサン

おおざっぱにいうと、行動力のある若手の営業担当を親しみを込めてそう呼ぶ。

「あ、オニイサン、これもたのめる？」

オネエサン

喫茶店の女性店員などにオヤジ系上司が言いがち。

「ぼちぼち行くかあ。オネエサン、お勘定ぉ」

エース

若手のなかで前途有望な社員に対して使われる。先生や大明神の若手版といっていいかもしれない。

「できて当然だろう。あいつはウチのエースだからな」

エースくん

ところが「くん」がつくと、とたんに逆の意味に。

「また休み？ ウチのエースくんにも困ったもんだなあ」

三バカ

ダメなやつが3人いる場合、まとめられがち。しばしば「三バカトリオ」などとも呼ばれる。

「え？ また三バカトリオだけマイナスか？ はぁ～」

ナベ

これをオトナ語に加えるかどうかは議論の分かれるところであるが、ずばり、「ナベ」とは渡辺姓の人。じゃあ、あだ名が全部入っちゃうじゃないかとも思われるが、その分かれ目は、会社に入る以前はそう呼ばれなかったものの、会社に入るとおしなべてそう呼ばれてしまうというあたりであり、どっちにしても判断がむつかしいが、とりあえず手当たりしだいに「ヤマさん」や「グッちゃん」や「にしもっちゃん」がオトナ語だと思われると困るぞ。あ、でも、「にしもっちゃん」はビミョ～。

スズ～

社会人になると、鈴木姓の人はフルネームか「スズ～」という名字と名前の略称で呼ばれがちだ。「スズタカ」「スズエリ」「スズアキ」「スズケン」などなど。

大将

オトナの職場には、先生も選手も大明神もいる。御大もジュニアもナベもいる。そして、そこには「大将」もいるのである。

「おたくの大将によく言っといてよ！」

ああ、いるなあ、たしかに。大将。

社長

オトナの職場には、先生も選手も大明神もいる。御大もジュニアもナベも大将もいる。そして、そこにはなんと、「社長」もいるのである。当たり前じゃないかと言うなかれ。だって呼ばれているのはボクなのだ。

「というわけで、これお願い。たのむよ、浜崎社長！」

たのまれるのはいいけれど、ボクは社長じゃないです。

「おお、さっすが浜崎社長、やりますねえ！」

昔話をオトナ語でアレンジ⑪

【竹取物語】

かぐや姫「今回のコンペへのご参加、まことにありがとうございます。どのプレゼンも非常に甲乙つけがたく、上でも意見が分かれてしまいましたので、再度のプレゼンにてよーいドンで仕切り直し、つまり話をフラットにした状態でそれぞれにテーマを設け、最終段階のすり合わせを行っていければ、ということで。えー、そのテーマは佛の御石の鉢、蓬莱の玉の枝、火鼠の皮衣、龍の頸の玉、燕の子安貝、以上となっております。テーマがテーマだけに明確な納期は申し上げません。ですが、ASAP、とだけ申しておきましょうか。では、それぞれ独自のカラーを活かしたものを期待しておりますので、よろしくお願いいたします!」

（提供者：ユキ）

おとぎ話をオトナ語でアレンジ①

【シンデレラ】

シンデレラ「ケツカッチンでしたので、てっぺんになるはやでベルサッサいたしましたところ、即イニシャライズされてしまいデータがドロンしてしまいました。しかし、先方の二代目が外回りの方を通じて提示された条件に対し、競合は帯に短しタスキに長しという具合でして、ひるがえってウチはドンピシャでしたので、なんとか両方ハッピーで契約にこぎつけました」

（提供者：かみや）

おとぎ話をオトナ語でアレンジ②

【白雪姫】

女王「鏡よ鏡、この世でいちばん美しいのは誰？」
鏡　「……白雪姫でございます」
女王「なるほど、それではもう私はいちばんではないというわけで？」
鏡　「いえいえいえいえ、あのですね、女王様にはこれまでたいへんご愛顧いただいております関係上、私個人といたしましては、基本的には今回も女王様を、ということで強力にプッシュさせていただいたんですが、内部のほうから白雪姫の案件が急浮上してまいりまして、手前どものほうでもこれまでの経緯を踏まえて、慎重に、検討に検討を重ねましたんですが、なにぶんにも私の力不足によりまして、このたびはスペック面で白雪姫にしよう、という内部の人間の声が多く聞こえてきましてですね、こちらといたしましても断腸の思いで今回の決定と相成りまして……」
女王「で、白雪姫だと？」
鏡　「いえ、あの、女王様がお美しいという事実はもう十分、上のほうでもコンセンサスがあるところなんですが、今回ばかりはまぁ、逆にいうと女王様はデフォルトメンバーということもあり、白雪姫が新規ということで、リフレッシュ要因もあるのかなという印象です。あの、今後の実績いかんにおいては、やはり、いい意味で実力派の女王様が返り咲くと言うシナリオもなくはないというか、その、十分ありえますんで、どうぞ、そのあたりを今回はなにとぞご了承くださいますよう……」

（提供者：さとさと）

童謡をオトナ語でアレンジ①

【くろやぎさん　しろやぎさん】

－－－－－－－－－－－－－－－－－－－－－－－－－－－－－

宛先　kuroyagi@×××.co.jp
CC
件名　RE：毎度お世話になります

黒八木様

毎度お世話になります。
先ほどいただいたメールですが、
本文が文字化けしてしまって、
内容がわかりません。
申しわけございませんが、再メールいただきたく。

－－－－－－－－－－－－－－－－－－－－－－－－－－－－－

宛先　shiroyagi@○○○.co.jp
CC
件名　RE：RE：毎度お世話になります

白八木様

おはようございます。
昨日メールをいただいているようなのですが
添付ファイルがワクチンソフトにひっかっかているようで
メールが開けません。
添付ファイルを別メールにして、もう一度お送りいただけたら
ありがたいのですが。

－－－－－－－－－－－－－－－－－－－－－－－－－－－－－

以下続く。

（提供者：ますたに）

童謡をオトナ語でアレンジ②

【金太郎】

金太郎様

お世話になっております。
金太郎ブランディングにおきまして気になっていました点を
2、3ご報告させていただきます。

■「まさかりかついで」問題
金太郎様にとって「まさかり」が強さの象徴として欠かせないアイテムであることは理解しております。しかし、日ごろから携帯するのはいかがでしょうか。銃刀法違反の疑いがあります。不祥事はブランド管理においていちばん避けたい問題です。べつの素材による「レプリカまさかり」にするなど、ほかの方法も検討すべきではないでしょうか。

■「熊にまたがり」問題
お相撲までは問題ないと考えておりますが、「またがってのお馬の稽古」はやりすぎかもしれません。動物愛護の観点からクレームが来る恐れがあります。近年、動物のキャラクターはブランドのイメージ訴求にかかせません。金太郎様のイメージアップのためにも、よりよい熊の活用法を御検討願います。

■「前掛け」のデザインについて
金太郎様が毎日愛用されています「前掛け」は金太郎ブランドの代名詞でもあり、特に前面にプリントされています金印はロゴとしても広く認知されております。しかし、少々露出面が多すぎはしないでしょうか。セクシャルハラスメントの可能性もあります。また、若い世代には受けがよくても、幅広い世代から愛されるブランドであるためには、もう少し露出面をおさえたデザインのほうがいいかもしれません。シーズンによって変化をもたせるなど、いろいろと可能性はあるのではないでしょうか。

以上、少々厳しい意見もあげさせていただきましたが、金太郎ブランドを愛する故のものです。ご査収くださいますようお願いいたします。

（提供者：taishi）

名作をオトナ語でアレンジ①

【走れメロス】

メロス「ただいま戻りました」
渡辺　「でた！　メロス大先生！」
メロス「あ、渡辺本部長、遅くなりまして。じつは大手町と例の件でナニしておったんですが、納期のことですったもんだアレしてしまいまして。なるはやで帰るつもりがこんな時間になってしまい申しわけございません」
渡辺　「いやいや、ゼンゼンOK」
メロス「告白しますと、一瞬チョッコーチョッキも考えたんですが、本部長が待っているんだからと思い直して社に戻ることにしました。納期の件は、今日のところは持ち帰りということでアレしてきました。みょうにち午後イチで再度もんできます。落としどころさえ間違わなければ軟着陸できると思います」
渡辺　「そうかそうか、それはよかった。それからな、じつはさっき君を待ちながら私も一瞬思ったんだよ、今日はもう待たずに帰ろうかな、と。でもメロッちゃんを置いて先に帰るのもと思い直してアレしておったところだよ。ま、ま、いずれにしても遅くまでご苦労さん。どうだい、今日あたりこっちの方は？」
メロス「夜の部ですね。ごちそうさまです」

（提供者：さんこー）

名作をオトナ語でアレンジ②

【我輩は猫である】

「はじめまして、わたくし株式会社サマーアイの猫と申します。あ、お名刺ですか。ありがとうございます。申しわけございません、こちら、あいにく切らしておりまして」

（提供者：NUNO）

OTONAGO NO NAZO?
CHAPTER 04

交渉篇

言葉とはオトナにとってしばしば商売道具である。
先方との契約を是が非でも結びたいとき。
初対面にもかかわらずものを売りたいとき。
失敗したけれども信用を失いたくないとき。
理不尽な要求をスマートにかわしたいとき。
オトナは言葉を駆使しながらその場を乗り切ろうとする。
そこに独特の言い回しが生まれて自然である。
実戦を重ねるたびキレを増す格闘技の技のように
オトナたちの言葉は交渉の場で進化する。
先人たちが幾多の修羅場を抜けながら
はぐくんできた言葉たちを紹介しよう。

お忙しいところ

交渉の始まりに必ず登場する言葉。例によって相手がほんとうに忙しいかどうかは無関係である。超忙しくないからこそ自分に会ってくれているのだと考えることもできるが、ともかく「本日はお忙しいところ……」と切り出すのがオトナの交渉風景である。メールや電話でも頻繁に用いられる最重要オトナ語のひとつだ。

ご挨拶だけでも

とにかく会って、なんとか糸口を、という意志の表れ。営業マンの無鉄砲な勢いがそう言わせることもあるし、「この人とこの人を会わせておくことが、両社にとって著しくプラスになる」というピュアな動機がそれを言わせることもある。ごくまれに、ほんとに挨拶だけして帰る人もおり、「なにしに来たんだ?」と悩むことになる。

近くまで来たものですから

と、言いつつ、近くまで来たから寄ったわけではない。周到に準備し、なんなら少し暇を潰し、タイミングを見計らって来たのである。きっとその人は背広の奥に用件を隠し持っているのだ。なお、ごくまれにではあるが、小一時間ほど話してもまったく相手が用件を切り出さないこともあり、「あ、ほんとに近くに来たから寄っただけだったのか!」と驚愕することもある。

社長様はいらっしゃいますか?

飛び込みの営業マンは、挨拶もそこそこにこう言うという。残念ながらほとんどの場合、社長に取り次いでもらうことはない。ちなみに営業マンによく飛び込まれがちなオフィスでは「社長様」と言うやつは取り次がなくてよいという決まりまであるという。ああ、無情。

お時間を頂戴いたしまして

まずは話を聞いていただくことに感謝しなければならない。先方の返事がどうであれ、「貴重なお時間を頂戴している」という地点から始めるのがオトナである。

ご足労いただきまして

今回はこちらが発注する側であり、その意味で相手が弊社を訪れるのは当然ではあるけれども、「ご足労いただく」ことに感謝するのはオトナとして当たり前である。

その節はどうも

ああ、どうもどうも、誰だっけ、いつだっけ、でもまあ、イヤな思いした記憶ないな。その節はどうも！

お噂はかねがね。

同僚の元上司や、元同僚、家族、あるいは、遠隔地の支社の人などと初めて顔を合わせたときなどに使う。なぜか「かねがね。」で終わってしまうことが多く、「うかがっております」的な言葉が省略される。省略の理由は不明だが、ひょっとしたら、「お噂をかねがね」うかがっていない場合があるからか？

いつもお電話では。

電話でしか話したことがない人と初めて顔を合わせたときなどに使う。なぜか「お電話では。」で終わってしまうことが多く、「やり取りさせていただいてますが」といった言葉が省略されている。省略の理由は不明だが、ひょっとしたら、「いつもお電話で」やり取りしてる人だよな？　という感じで自信がないからなのかも？

あのですねー

開口一番、「あのですねー」。オトナにはオトナの切り出し方があるのだ。

「あのですねー、六本木ヒルズの件ですが……」

えーとですね

オトナは「えーと」すら丁寧に言うのだ！

「えーとですね、六本木ヒルズは予算的に無理でして」

でですね

「それでですね」なんて、長くて言ってらんねえんだよ。一音でも短く！　でですね、でですね、デデスネ！

「でですね、六本木公民館に会場を変更をしようかと」

そうなんですねー

「さようでございますか」だとかしこまりすぎで、「そうなんですか？」だと驚きすぎで、「そうなんですよね」だと同意しすぎ。そういう事情はなんとなく知っていたんですけどやっぱりそういうことでしたか、そういうふうなことになりますよね、私もそういうふうになると思いますよ、というじつに微妙なニュアンスを表現する、これぞまさにオトナ語。経緯、親しみ、踏み込みすぎない礼儀、など複雑に入り組む感情を見事に表現している。

なるほどですね

営業マンなどが、非常に軽い相づちのようにして使う。

「あ、なるほどですね、それじゃ、こうしましょうか」

腑に落ちたこと、へりくだること、親しみの3つの要素をひと言に込める熟練の技。日本語の正しさは度外視。

だもんで

そういった理由があるものですから、といった意味のフレーズをフランクかつリズミカルに言い換える妙。

「だもんで、これといった対策もなく……」

「だもんで、話がちっとも進まないんです」

「だもんで、いまはほんとに無理なんスよぉ～」

ラテンのリズムで煙に巻け！　ウーーッ、ダモンデ！

アレしますから

困ったとき、オトナはアレするのだ！

「まあ、そのことについては、アレしますから」

「最悪、あとで、アレしときますから」

「これ、すぐアレしますから、それでどうです？」

たとえ、のちに自分が苦しむことになろうと、アレするのだ！　ところで、アレってどれなのよ！

もしアレなら

先方が不機嫌な感じで黙ってしまったとき、オトナはアレを持ち出すのだ！

「もしアレなら、午後からうかがいましょうか？」

「もしアレなら、見積もりだけでも出しましょうか？」

「もしアレなら、それふうにアレンジしてみますか？」

ところで、アレってどれなのよ！

要は

ふだんは、物事をわかりやすく簡単に表すときに使うわけであるが、そのように切り出す人に限って要領を得ないという苦情が全国から殺到している。

「要はですね、あの、どういうことかというと、要は、市場の価値と、ユーザーとの、あの、要はですね……」

逆に

ふだんは、物事を逆説として言い換えるときに使うわけであるが、そのように切り出す人に限ってまったく同じことを言っているという苦情が全国から殺到している。

「逆に、ストライプじゃダメな理由はないわけですよ」

「逆にいうと、ストライプが安全だともいえるわけで」

「逆に、ストライプを試してみるって手もありますね」

ああ、この人の「逆に」は「ええと」くらいの意味だな。

早い話が

「早い話が……」と切り出したから、これはきっと早い話なんだろうと思ったのに、ちっとも早くないじゃないか。そのうえつぎの話もまた「早い話が」で始まるじゃないか。それでもまだ明確な結論が出なくて、どうなってるんだと思ったら、「つまり！」と来たから、こっちも「おお、いよいよ！」と思ったのに、「早い話がですね」とまた早い話が始まった。早くしてくれー。

極論すると

極論するなら、最初から極論してくれないだろうか。長々話したこれまでの時間はなんだったのだろうか。そのうえ、さっき極論したのに、また極論するのはどういうわけだろうか。最終的に「極論すると、どっちでもいいです」というのははたして意味があるのだろうか。

すでにご存じでしょうけど

こう前置すると、相手は「みんな知ってることなら知ってなきゃ」と感じるため、話をおとなしく聞いてもらえるという。オトナ語とは、まさに先人の叡智である。

ついでのとき

それのみを目的にするというとお互い照れくさくて恐縮してやりにくいので表層的にはそれが目的じゃないことにしますけど、でも、心情的にはそれが目的なんだよ、というような、じつにオトナ的使い回しをする言葉。

「それでは、ついでのときにでも送っていただけますか」

「ついでのときでいいからコレやっといてもらえる?」

ただし、「ついでのときにでもやっときますよ」というように、表層へ真意を持ってきて相手を煙に巻く逆の使い回しをするときもある。

いいか悪いかはべつにして

おいおい、それをべつにしちゃイカンだろう！　けれどオトナはべつにするのだ。「いいか悪いかはべつにして、僕は好きですよコレ」などと言われても、喜んではいけない。なんせ、いいか悪いかはべつなのだから……。

仮に～として

「仮に、今日注文したとして、納期はいつごろに?」

「仮に、入場者が1万人を超えたとして、人員は何人?」

「仮に、弊社が倒産したとして、御社は平気ですか?」

「仮に、宝くじが当たったとして……」

「仮に、これが夢だとして……」

「仮に、ドラえもんがいたとして……」

「仮に、美人の彼女の背がみるみる伸びたとして……」

オトナは、ときに夢見がちである。

そのあたり

メールにつまったら、「そのあたり」を。話がうまくまとまらなかったら「そのあたり」を。そのあたり、よろしくお願いします。だから、どのあたりよ？

それとなく

なにかと「それとなく」振る舞うのがオトナである。

「それとなく聞いておいてもらえますか？」

「それとなく投げてみますよ」

隠密行動に潜むオトナの機微を感じ取れ。

なんなんですが

「さっそくでなんなんですが」

「こんなものでなんなんですが」

「お願いしてばかりでなんなんですが」

そう言うあなたはなんなんですか？

なくはない

「そのまま行っちゃう手も、なくはないですね」

あるのかないのかどっちなんだ。「その方法もなくはないですね！」とか語尾を強められても困る。

いずれにしても

打開策なく、誰もが黙りこくってしまった交渉の席。このままじゃ時間の無駄だし、なによりオレサマが拘束されっぱなしだ。そんなときは、必殺の切り出し文句！

「いずれにしても……」

場を丸くおさめるオトナムード、いっちょあがり！

むろん、根本的な解決にはいたらない。

ということにしときましょうか

打開策なく、誰もが黙りこくってしまった交渉の席。このままじゃ時間の無駄だし、なによりアタクシが拘束されっぱなしだわ。そんなときは、必殺のまとめ文句！

「……ということにしときましょうか」

うやむやのうちに「そうですな」といった雰囲気で書類をまとめてトントンとそろえる面々。むろん問題保留。

いい意味で

けなしたことのフォローとして使う場合もあるし、まれに本当にほめる意味で使う場合もある。どっちにしても、言われたほうは複雑である。

「それっていい意味で頭悪いよね」

そういった意味では

「そういった意味では」に意味などない。むしろそれは話題から話題への架け橋。言葉と言葉のあいだにある空白や沈黙を埋めるための隙間用語であり、そういった意味では興味深い言葉である。これ単体でも十分な効力を発揮するが、さらに曖昧な言葉を足して「そういった意味も含めまして」くらいのフレーズに発展させると、これはもう、どんな沈黙にも耐えうるスーパー隙間用語となるのでぜひモノにしていただきたい。

いい質問ですね

といっても、ほんとに、質問をほめているわけではなく、「その質問には答えが用意してある」ということで先方はニヤニヤしているのである。

基本オーケー

そういうふうに言われた場合、オーケーではないということである。

気持ち

その色を、気持ち、赤くしてもらえますか。あと、この文字、気持ち、小さく。それから、この原稿、気持ち、感動的に。全体的に、気持ち、気持ちよい感じで。

その線で

オトナはものごとを曖昧に指し示すことが大好きだ。
「じゃあ、まあ、いろいろあるけど、その線で……」
「ええ。その線で進めさせていただきます」

〜方向で

「その線で」に似るが、こちらのほうが汎用性が高い。後ろにつけるだけでたいがいの言葉を受けてしまうじつに包容力のある言葉なのである。
「経費は削る方向で」
「青を基調にする方向で」
「いっそやめる方向で」

しかし、「その線で行く方向で進めてみますか」くらい曖昧になると本当にどの方向かわからなくなってしまうのであまり多用しない方向で。

～のほう

これまた包容力のある、便利で曖昧な言葉であるが、多用すると良識ある人たちから怒られることになる。

「弊社のほうから、田中のほうが、そちらのほうに、資料のほうを、お持ちするほうがいいかと」

なくてもいいということはわかっているが、なくてもいいものがすべて撤廃された世の中って魅力的かしら?

方面

地理的な方向を示すことよりも、だいたい「そういったこと」といった、曖昧な領域、分野を指すことが多い。

「いや、そっち方面はどうも苦手でして」

「あっち方面には縁がなくて」

む、「あっち」や「そっち」をつけると、とたんにオヤジくさくなることに気づいた。

～感

社会人は「～感」が大好きなのさ。

「これからキそう感を前面に出してですね」

「がんばってやってる感が出てていいね」

そのほかにも、「受けねらい感」「さわやか感」「すすんでる感」「グローバル感」「老舗感」「余裕でやってる感」「いままでになかった感」「子どものころ出会った感」などなど、自由奔放なカスタマイズが可能。

～なイメージ

社会人はイメージが大好きなのさ。

「こういったイメージでお願いします」

「夏が来たというイメージで行きます」

「まあ、そんなようなイメージですわ」

こりゃまた便利な言葉だね。

〜と思われます

オトナは個人的主張を巧みに不特定多数の声にすり替える。つまり、「消費者には届きにくいと思います」ではなく、「消費者には届きにくいと思われます」。これによって、なんとなく説得力が増す気がするから不思議。レポートや日報など、書類を提出する際にも重宝するぞ。加えろ、「たぶんオレだけじゃないぜ」ニュアンス！

聞こえてくる

オトナは個人的主張を巧みに周囲からの意見にすり替える。つまり、「最終的に余ってしまうと思います」ではなく、「最終的に余ってしまうのではないかという声が聞こえてくるもんですからね」。お告げでも幻聴でもない。世論を代表する意見のような気がするから不思議。加えろ、「みんなそう言ってるぜ」ニュアンス！

〜という理解です

なんとも不思議な言い回しである。基本的には「こう思います」ということなのだけれど、こう表現することによって「我々としてはきちんと考えた結果、こう認識している」という、ある種の強さや知性のようなものがにじみでてくるから興味深い。

「その件は御社預かりになっているという理解ですが」

どうですかね？

ここでの使用意図は、とどめのひと言を突きつけずにすませること。優しさというよりは弱さであろう。

「そこまで細かく対策を考えるのは……どうですかね？」

「けっきょく手間が増えるだけだと……どうですかね？」

「価格が高いうえに縁起が悪いのは……どうですかね？」

「第一印象がウナギっぽいってのは……どうですかね？」

～せん？

敬意と親しみを同時に醸し出すオトナの語尾。

「ずいぶん現実的になったと思いませんか？」

「代役にお心当たりございませんか？」

「平松さん、少し痩せませんか？」

ひとつ

ひとつ、そんな感じで、ひとつ、そこをなんとか、ひとつ、いや、ほんと、ひとつ、なにとぞ、ひとつ。

せっかく

2種類の使いかたを覚えよう。断るときは「せっかくですが……」。いただくときは「せっかくですから……」。

ちょっと……

オトナは「NO」とは言わないのだ。言わないかわりに別の表現を使うのだ。

「そこまで請け負うのはちょっと……」

「さすがに全部やり直すのはちょっと……」

「私、日本酒はちょっと……」

「私、渡辺本部長はちょっと……」

「多すぎるのはちょっと……」

「少なすぎるのはちょっと……」

そういうことで

じゃあ、まあ、そういうことで。ええ、そうですね、そういうことで。そんなとき「どういうことだ？」とか思ってはいけない。要するに「今日はこれで終わりです」という合図なのだから。

いやいやいやいや

思いがけず誰かにほめられたときは、エビのように腰を曲げて後ずさりながらそのように連呼しろ！

「いやいやいやいやいや！」

なにをおっしゃいますやら！

いやわ、ほんま、なにをおっしゃいますやら！　関西に限らず、細々と生き残っているリアクションである。

おかげさまで

そこまで大げさに反応したくないというときは、このあたりの言葉でスマートにうれしさを表現しよう。

「いえいえ、おかげさまで」

とんでもございません！

思いがけず先方がなにかお礼をいった場合、もしくはなにかをわびた場合、即座にそう反応するべきであろう。

「このたびはたいへんご迷惑をおかけしまして……」

「とんでもございません！」

　相手が言い終わるか終わらないうちに叫べ。間隔は短ければ短いほどいい。多少おおげさなくらいでかまわない。平素から練習しておくとスムーズに言えるぞ。

　さあ、新入社員の諸君、ごいっしょに！

「とんでもございません！」

「とんでもございません！」

「とんでもございません！」

　つぎは関西風に！

「なにをおっしゃいますやら！」

「なにをおっしゃいますやら！」

「なにをおっしゃいますやら！」

　もっと大きな声で！

～させていただく

武士道とは、死ぬことと見つけたり！　オトナとは、へりくだることと見つけたり！

「こちらで発送させていただきます」

「もちろん、苦情はこちらで処理させていただきます」

「喜んでこちらで尻ぬぐいさせていただきます」

　ほんとのオトナはどんなへりくだりだって恥ずかしく思ったりしないんだぜ。

～させていただく形式をとらせていただいております

　一方、こちらの言葉はへりくだっているようにみせかけて、相手に紳士的に同意を迫っている。みんなそういうふうにしてくれているのであなたももちろんそうしてくださいね、の意味が込められているので、「こうしてもらうことはできますかね？」などと言ってはいけない。

いかようにも

　もう、あなたが言うことなら、どうとでも私はするのです、と、これほどまでに低姿勢になりながら、それでもさらにへりくだることは忘れないのです。

「ご指摘いただければ、いかようにも対処いたします」

　――へりくだること、無限。

オトナは書き初めでそう書いたとか。

してもらってかまわない

かと思うと、先方からこんな高飛車な言い回しが！

「ぜひぜひ、弊社に承らせていただきたく……」

「まあ、ウチとしては、してもらってかまわないけどね」

ああ、社会における力関係とは、かくも両者の言語を隔たらせしものか。耐えるオトナの脳裏に浮かぶ言葉。

　――へりくだること、無限。

お願いばかりで恐縮です

お願いにお願いを重ねることをわびながら、それでも業務遂行のためにお願いをやめないオトナの生き様を感ずる味わい深い言葉である。違う言葉だが同じ原理のものとして「謝ってばかりですいません」を挙げておく。

無理を承知でお願いいたします

無理を承知でお願いするというのは、オトナどうしのやり取りの前提であるとさえいえるが、わざわざそのように口に出すということは、よっぽどの覚悟があることであり、切羽詰まった事情があると推測される。

「無理を承知でお願いしますが、納期は延びませんか?」

もしくは、「ダメだろうけど、いちおう訊いとくわ」

というまったく逆の使われかたをすることもある。

「無理を承知のお願いだけど、締切延びない?」

お含みおきください

留意してください、注意しておいてください、知っておいてください、ちょっと助けてください、などのこまごましたニュアンスがいっしょくたになって発せられる。

「明智光秀がなにかたくらんでいるようですが、私から密告するわけにも参りませんので、お含みおきください」

ご教示願います

教えてください、または、意見してくださいの意味。しばしば「ご教授ください」などとも書かれるが、これは間違いである、と書こうとしたのだが、調べてみたところ「教授する」にも「教える」の意味があり、完全に間違いであるとも書けないなあ、と、もやもやしているしだいである。でも、「ご教示ください」のほうがふさわしいとは思うんだけどな。どなたかご教示ください。

ご査収ください

要するに「あげるから受け取ってね！」という意味である。オトナはもってまわった言い回しが大好きなのだ。

ご笑覧ください

要するに「あんまり必要ないかもしれないけど、あげたくなったからあげるので受け取ってね！　なんなら捨てていいよ！」という意味である。「笑いながら読め！」ではない。オトナはもってまわった言い回しが大好きだ。

ご高覧ください

要するに「見てね！」という意味である。そこまでってまわった言い回しをしなくても、と思うのだが……。

重々承知しております

オトナゼミというセミがいるとして、それが真夏の炎天下に木の上で「ジュージュー」と鳴くというのはどうだろうか。どうだといわれても困るだろうか。

粛々と進めております

オトナムシという秋の虫がいるとして、それが夕暮れどきに草むらで「シュクシュク」と鳴くというのはどうだろうか。どうだといわれても困るだろうか。

すったもんだありまして

古風な言いわけの表現。時代の流れに取り残されて消えゆく言葉は、意外にオトナが守り続けているという。

仕様です

それはミスや故障ではなくて、最初からそういうふうにしてあるんですよ、という意味。

「あの、音声にノイズが混じるんですが?」

「――仕様です」

「中心部が異常に熱くなるんですけど?」

「――仕様です」

「ときどき煙が出るんです」

「――仕様です」

「たったいま火を噴きました」

「――仕様です」

ごもっともです

言葉の過剰な丁寧さとは裏腹に、発言者は反論の決意に満ち満ちている。いったん引いておいて、瞬発!

「おっしゃること、いちいちごもっともです。ですが!」

と、おっしゃいますと?

これはぜひ、覚えて帰ってください。たとえば相手の言葉が専門的で理解できなかったとき。

「と、おっしゃいますと?」

かなりの無理難題を出されて、マジかよと思ったとき。

「と、おっしゃいますと?」

ズバリと問題点を突かれて、考える時間が欲しいとき。

「と、おっしゃいますと?」

あなたを窮地から救う魔法の言葉。例によって例のごとく、根本的な解決には至らないので注意。

何時ごろまでいらっしゃいますか?

退社時刻を訊くとみせかけて、じつは「作業がずいぶん遅れています」の意味。オトナは物事を婉曲的に表現することに長けている。「その時間までにはなんとか仕上げたいと思います」という、苦肉のメッセージなのだが、「じゃあ何時ごろにできるんですか?」のひと言であっさり切り返されてしまう性質を持つ。

しろうと考えですが

その分野の専門家はあなたですけれどもあきらかにそれは間違っているのではないですか、というニュアンスが込められるために、言われたほうはしばしばカチンとくるわけであるが、だいたいにおいてその意見は正しい。

「しろうと考えではございますが、お茶碗を持つほうの手といったらふつうは左手ではないですか?」

おっしゃることはよくわかるんですが

相手の意見を否定しながらも礼儀を保ちたいとき、オトナはそんなふうに切り出すのだ。最終的な意見は違うけど、アナタとワタシはずっと友だちなのだ。

「けっきょくは新しいほうがウケるんですよねえ」

「あの、おっしゃることはよくわかるんですが……」

いや、そうなんですけど

相手の意見を否定しながらも礼儀を保ちたいのだが、あまりに相手が納得しないので礼儀がおろそかになってくるとき、オトナはこんなふうに切り出してしまっている。最終的にアナタとワタシが友だちであるかどうかより、とにかくここは否定しておかなければならないのだ。

「だって、古いものはなくなっちゃうでしょ?」

「いや、そうなんですけど!」

取り込み中でして

後妻の抱えた借金を取り立てに金融関係者が押し掛けたところ、夫の浮気相手が居合わせたため、姑が激怒してたいへんなことに——というわけではなく、忙しくてばたばたしているということ。

「ただいま取り込み中で進行が滞っておりまして」

先方からそう言われたとき、前述したような修羅場を思い浮かべてはいけない。

昨日の今日では難しいですね

ていうか、それ、昨日持ち上がった話じゃん。そんで、今日くれって言うの？　え？　昨日言ってたことがもう今日変更？　おいおいおい、とにかく無理だよ、それ。

「いやあ、昨日の今日では難しいですねえ」

言い逃れではない。だって昨日の今日なんだもん。

今後の企業努力

無理難題をとっさのひと言で冷静にかわすのがオトナ。

「このアルミ製の商品やけど、捨てるときには自然と土に返るように作れんもんかいな？」

「……そこは今後の企業努力ということでご理解を」

ちなみにこのやり取りは、打ち合わせの現場で実際に交わされた言葉であるということをつけ加えておく。

そうも言ってらんないんで

まあ、ほんとうならね、価格をいくらか下げるのがね、いちばん喜んでもらえるんでしょうけどね、ま、そうも言ってらんないんで。極端な話、寝ないで3日やれば終わりますけどね。ま、そうも言ってらんないんで。全国民がひとり7個ずつ買ってくれれば全部解決する問題なんですけどね、ま、そうも言ってらんないんで。

遅くなりまして。

先方が無理な注文を投げてきたのだ。断るわけにはいかなかったのだ。多少、要求された期日よりは遅れたのだ。本来ならば、この言葉の後ろには「申しわけありません。」がつくのだ。けど、先方の注文がそもそも無理だったのだ。それで、私はこのように言うのだ。

「遅くなりまして。」

　ここで言葉を止めるのが、せめてものオトナの意地。同様に、本来、先方の領域であるところでミスを指摘された場合はこのように言う。

「気がつきませんで。」

　このあたり、かなり上級なオトナ語といえよう。

～じゃなかったでしたっけ？

あの、ここの写真って差し替えるんじゃなかったでしたっけ？　ええと、先方の確認をとってから動くんじゃなかったでしたっけ？　赤を青にするんじゃなかったでしたっけ？　田中さんじゃなくて鈴木さんじゃなかったでしたっけ？　この話、なくなったんじゃなかったでしたっけ？　……もう、書いててよくわからなくなるよ。

誰が悪いっていうんじゃないんだけど

絶対にうちが悪いわけではないし、あなたが悪いのだとしてもあなたが悪いとは言えないし、でもダメなものはダメだし、という背景を持ちつつ、オトナはこう言う。

「誰が悪いっていうんじゃないんだけどさあ……」

　そう口にする人の脳裏には、そのとき高い確率で悪いと思っているヤツの顔が思い浮かんでいるという。

～さんに言ってもしょうがないんですけどね

明らかに先方が悪い、というとき、理路整然と苦情を述べながら、ふと我に返って言う言葉。

「いや、小西さんに文句言ってもしかたないんだけどさ」

なら言わずに我慢できるかというとそれも違う。

こういう時代

うまくいかないことは、なにもかも時代のせい。

「まあ、しかたないですね、こういう時代ですから」

しかしながら商魂たくましいあきんどは、こういう時代さえ味方につけてしまうとか。

「ええぇ？　発注を倍にするのに単価が同じってことはないでしょうよ！」

「……まあ、こういう時代ですからねえ」

まわるまわるよ時代はまわる。

言った言わないの問題

社会に出ると痛感することになるのだが、「言った言わないの問題」はほんとうにあるのである。しかも、しょっちゅうあるのである。比喩や引用ではなく、実際に、「うちだけの独占っておっしゃいましたよね？」「いや、独占とは言ってないです」などというやり取りがあるのである。今日も全国で３０００件くらいあるのである。

言った言わないの問題になってもなんですから

多くの場合、これを言う時点で、じつはすでに「言った言わないの問題」になっているのだが、こう言うことにより「自分はこれが言った言わないの問題になりかけていることを認識している」ということをアピールすることができ、それ以上の泥沼をくい止めることができる。先に使ったもん勝ちな感はあるが、使う価値はあるかも。

ボク的にはオッケーなんですけどね

先に紹介した「基本オーケー」と同じく、結果的にはオッケーじゃないということである。面と向かった相手が責任を回避しているぶんだけ、たちが悪いといえる。

いいっちゃ、いいんですけどね

いいのかよ！　よくないのかよ！　どっちなんだよ！

まあ、こう言われたらダメってことだ。

失念しました

オトナは「忘れちゃいました」などとは言わない。大事なことを忘れてなお、威厳は失わずにいたい。そんな見果てぬ野望がこの言葉に込められているとかいないとか。

忘れてください

忘れてはいけない大事なことがあるなら、忘れてほしい大事なこともある。

「あれはこの夏の新作で……あっ！　忘れてください」

この言葉を聞くことによって、しばしば人の記憶はより鮮明になるという。

運命を感じる

いやあ、先日お会いした御社の山下さんとは同じ高校でしてね。運命を感じますねえ。それから御社の営業部の高畠さん、これまた奇遇で私と同じ西広島市の出身。運命を感じますねえ。それから安藤さんも広島県。運命を感じますねえ。あと、坂上さんが私と同じ天秤座。運命を感じますねえ。え？　あなたもB型？　運命を感じますねえ……などと言われても無理なものは無理である。

ありバージョンとなしバージョン

ところでこれはあったほうがいいんですか、それともないほうがいいんですか、などと質問すると、たいてい、「じゃあ、ありバージョンとなしバージョン、両方つくっといてよ」ってなことになる。そのくせ、両方つくって持って行き、とりあえず「ありバージョン」から見せたところ「いいねえ！　これでいこう！」などと言われる。

3つある

なぜだかわからないが、たいてい、3つあるのである。

「本日お話しすることは全部で3つあります」
「その原因としては大きくいって3つあります」
「この問題を回避する方法は3つあります」
「お見せしたい案は3つあります」

ちなみに、本命は、たいてい3つ目のやつである。

わっかりました

ずいぶん元気だな。けど、それくらいでよろしい。

わかりましたわかりました

なんで二回言うねん。

「そうですねそうですね」
「違いますね違いますね」
「おっしゃるとおりですおっしゃるとおりです」

なんで二回言うねん。

わっからないナァ〜

オトナがそう言うときは、わからないのではなくて、納得がいっていないときである。

ご縁がありましたら

あいかわらず就職氷河期だそうです。学生のみなさま、この言葉を見て、いちいち落ち込んでいてはいけません。つぎへつぎへと向かいましょう。目にした「ご縁がありましたら」の数だけ、耳にした「ご縁がありましたら」の数だけ、あなたはオトナへの階段をのぼっていくのです。さあ行くんだ、その顔を上げて。

またなにかございましたらお願いいたします

検討むなしく先方に断られてしまった営業マンがついに席を立ち、出口のところで振り返って言う言葉。

「またなにかございましたらお願いいたします！」

その元気や、よし。しかし、「またなにか」があることはめったにない。古い夢は置いていくがいい。再び始まるドラマのために。

ま、ま、

年輩の上司などが温厚に場を取りなすとき使う。

「ま、たしかに、あんまり賢い方法じゃなかったけどな、ま、ま、それはそれで、勉強になった」

「先方もかなり怒ってたけど、ま、ま、それはそれで」

「灰皿投げられるとは思わなかったけど、ま、ま、最悪の事態ではなかったということで」

「弁護士が出てくるとは思わんかったけど、ま、ま……」

よろしくどうぞ

オトナは用件を伝え終わったあと、さまざまな挨拶を述べねばならない。それが面倒ならいっそこれで統一だ。交渉の最後に、よろしくどうぞ。電話の最後に、よろしくどうぞ。メールの最後に、よろしくどうぞ。

どちらさまも、よろしくどうぞ。

歌謡曲をオトナ語でアレンジ①

【赤いスイートピー】

長谷川様

いつもお世話になっております。
春色の汽車に乗って海にご同行いただく件、
ご検討いただけましたでしょうか。
私どもとしましては、長谷川様の煙草の匂いのシャツに
そっと寄り添わせていただきますので、どうか、前向きにご検討ください。

たいへんぶしつけではございますが、
オトナ工務店様より、ご紹介をいただきましてから、
すでに半年が過ぎておりますが
長谷川様より、本件についての具体的なコンタクトをいただいておりません。
私どもに至らぬ点等がございましたら、
どうか、ご遠慮なく、お申しつけください。

私どもは、今後、長谷川様のたよれるパートナーとして、
全力を尽くしてバックアップさせていただきたいと、考えております。
長谷川様は、多少、気の弱いところはおありのようですが
（たいへん申しわけございません）
素敵な方であることは、
私どもの内部で一致した見解でありますことを申し添えさせていただきます。
私どもの心の岸辺には、赤いスイートピーが咲いております。

ご連絡お待ちしております。
よろしくお願い申し上げます。

（提供者：みけ）

歌謡曲をオトナ語でアレンジ②

【勝手にシンドバッド】

A「申しわけございません。現在の時刻についてうかがいたいのですが」
B「そうですね。現在時刻の概要につきまして至急お見積もりを用意させていただきます」
A「いえ、口頭でけっこうです。現在の時刻を教えていただければ幸いなのですが」
B「少々お待ちいただけますでしょうか。折を見てお知らせいたしますので」
A「……あのー、現在の時刻だけ、おおよそでよろしいのでご教示願えますか？」
B「承知いたしました。幾分早い時間帯、ということでご了承願います」

（提供者：ぬばたまの）

歌謡曲をオトナ語でアレンジ③

【スーダラ節】

「当初はですね、さくっと小一時間の心づもりで暖簾をくぐったわけなんですが、そのうち心身共にいい感じになりまして、とても1軒ではすまされないという状況に陥ったわけです。その後の記憶については定かではないのですが、我に返ったときには駅のベンチでゴロン、というしだいでして。夜の部がこんな状態では、当方の健康面にとってもよろしくないことは重々承知しておりますが、これが実際問題になるとどうも、いかんともしがたいと」

（提供者：無頼庵）

歌謡曲をオトナ語でアレンジ④

【港のヨーコ・ヨコハマ・ヨコスカ】

少々まえなら記憶にあるのですが2四半期前ですと当方にもデータがなくわかりかねます。髪の長い女性とおっしゃられましてもこちらにはたくさんいらっしゃるものですから……。たいへん申しわけないのですが、べつの場所をお探しになられたほうがよろしいのではないかと。
失礼ですが、あなた様はあの方とどういったご関係で？

半年前に退社したはずなのですが……。私どもには特になんの挨拶もなく社員の顧客を奪ったとのことでそれはもう大騒ぎでございました。モラルなしではかなり肩身の狭い思いを強いられることとなるかと……。
失礼ですが、あなた様はあの方とどういったご関係で？

横浜からいらした女性、ということでお間違いないでしょうか。立ち回りがことのほか得意で3日ほどまえまでいらしたはずなんですけれど……。小さな子猫といっしょにどちらかへお発ちになられてしまいました。どちらへ行かれたのかは手前どもにはわかりかねますが……。
失礼ですが、あなた様はあの方とどういったご関係で？

（提供者：ユキ）

歌謡曲をオトナ語でアレンジ⑤

【ギンギラギンにさりげなく】

渡辺「じゃあ近藤君、来期売上達成のための君の営業方針を説明してくれ」
近藤「はい。え──、そうですね、ひと言で言いますとギンギラギンにさりげなく営業活動を行おうと思っています」
渡辺「そうか……。具体的には？」
近藤「いえ、具体的に、というよりも、逆にいうとむしろ精神論だという声も聞こえてくるのですが、とにかくギンギラギンにさりげなく行くだけです！」

（提供者：NUNO）

歌謡曲をオトナ語でアレンジ⑥

【待つわ】

○○社　××様

前略
貴社ますますご繁栄のこととおよろこび申し上げます。
先日御社の部長より直々に「わりとやるもんだね」と
おほめの言葉を頂いた由、非常にうれしく思い、
こちらもプロジェクトに対する気持ちを入れ直しました。

先週はちょっと出たり入ったりでして、
行ったりきたりのすれ違いになってしまい
まことに申しわけございませんでした。
このままでは言った言わないの話になってしまい、
進捗状況の報告もままならないと思いましたので、
メールにてとりあえずのご連絡をお送りいたします。

「空」に関しては、青く広いということで、
どちらの所有でもないということが判明しました。
また、「雲」の件につきましては、何度もチャレンジしているものの、
流して流されてといった感じで、
なかなかつぎの段階にいけないのが実情です。

以上のことを鑑みまして、こちらの態度といたしましては、
そちらの出方を待つということで決定いたしました。
最大限お待ち申し上げております。
逆に言えば、結果がどう出るにせよ、お待ちするということです。
そちらにもご都合があるかとは思いますが、
お待ちすることで一致しておりますので、
競合他社さんとの兼ね合いもあるかと存じますが
お待ちしているということをよろしくご配慮いただけるよう、
お願い申し上げます。

（提供者：RS）

ビートルズをオトナ語でアレンジ

【 LET IT BE 】

小職トラブル対応のさなか、
メアリーさんがお見えになって
いみじくもおっしゃいました。
「なりゆきでよろしく」
小職少々ヘコんでましてね、
メアリーさん耳打ちされました。
「なりゆきでよろしく」
なりゆきでよろしく、
なりゆきでよろしく、
なりゆきでよろしく、
なりゆきでよろしく……。
けだし名言ですね、
「なりゆきでよろしく」

（提供者：夢遊人）

シリーズ篇

ここでは少し趣向を変えて、
オトナたちの使う言葉を、
用いられた言葉そのものの傾向によってまとめてみた。
料理の言葉。戦の言葉。スポーツの言葉。
ハードボイルドな言葉。ハッピーな言葉。
駆使される隠語や四文字熟語。
それぞれをかたまりとしてとらえ、
「〜シリーズ」として並べてみる。
かためて並べる意味などあるのか、
そもそも「シリーズ篇」という言葉が正しいのかどうか、
いまさら追求する野暮なオトナなどいないだろう。

■料理シリーズ

素材

だいたいのところまで仕上がっている企画から、写真、テキスト、アイドルや役者に至るまで、仕事に関わるすべての構成物、もととなる要素をオトナたちはクールに「素材」と表現する。オトナたちがその素材を集めてどうするかというと——。

料理する

料理するわけである。会議室などでいろんな部署のにんげんが集まり、不要な部分を切り捨てたり、下ごしらえしたりするわけである。塩こしょうしたり、スパイスを利かせたりするわけである。だいたいのところまで企画を練り上げたら——。

煮詰める

煮詰めていくわけである。たんに「詰める」ということもある。これによりいよいよ企画は現実的なものになるのだが、企画というものは、しばしば最後の最後に障害が生じたりする。そうなるとどうなるかというと——。

煮詰まる

煮詰まるわけである。「煮詰める」と「煮詰まる」は大違いなのである。一般的な料理用語で考えると、「煮詰まる」というのは「いい状態になる」ことと思われるが、オトナのいう「煮詰まる」は「行き詰まる」という意味で使われる。出席者がぐったりとしている会議室を思い浮かべてもらうといいだろう。一度煮詰まった企画は、なかなかうまく運ばない。それでオトナはどうするかというと——。

寝かせておく

寝かせておくのである。いったん中止するわけであり、時期が来るまで眠らせておくわけであり、いわゆるペンディング状態にするわけである。しかしながら、ワインや鍋料理と違い、寝かせておいたものが勝手に熟成していい企画になることはあまりない。それで、かけた人件費の都合もあるので、寝かせておくことをやめて無理矢理に「見切り発車」して世に出したりすると――。

焦げつく

焦げつくわけである。ここでいう「焦げつく」は赤字が出ること、投資した額を回収できないことを意味する。というわけで、やや強引ではありますが、「オトナ語料理講座」をお送りしました。番組の最後にレシピを紹介しますのでメモのご用意を。

■火を噴くシリーズ

火を噴く

現場がたいへんなことになっている様。

火消し部隊

現場が火を噴くような事態に陥った場合、その企画を立て直すべく急遽結成されるのが、火消し部隊である。

爆弾を抱えている

現場が火を噴くような事態に陥るプロジェクトは、多かれ少なかれ、なんらかの爆弾を抱えているのだと火消し部隊の人は語る。

落とし穴がある

火を噴くような事態に陥るプロジェクトは、多かれ少なかれ、爆弾を抱えており、おまけに落とし穴があって、いろんな人がそこにハマってしまうのだと、火消し部隊の人は語る。ちなみにその落とし穴があることはよく知られており、先にそこにハマった人がそのことを注意事項として後輩たちにきちんと伝えていれば、プロジェクトは火を噴かずにすむのだけれど、なぜかその落とし穴は埋められずに放置されているのだという。

ケツに火がつく

火消し部隊が到着する以前の現場は火を噴いており、爆弾を抱えており、随所に落とし穴があり、担当者のケツには火がついている。担当者本人も「いやもう、ケツに火がついてまして」などと自分で言ったりする。

地雷を踏む

火消し部隊が現場に到着する以前、火を噴くプロジェクトは爆弾を抱えており、随所に落とし穴があり、担当者のケツには火がついていて、たいへんなことになっているのだが、そういった状況を知らずにその件を任されてしまったことを、当事者は「地雷を踏む」と表現する。火消し部隊が地雷を踏むとは、これいかに。

火だるま

火消し部隊が現場に到着する以前、火を噴くプロジェクトは爆弾を抱えており、落とし穴にハマった担当者のケツには火がついており、たいへんなことになっていて、そういった状況を知らずに任されてしまった人は地雷を踏んだわけであるが、火消し部隊の到着が遅れるとみんなが「火だるま」になってしまうという。

凍結

火消し部隊が現場に到着する以前、火を噴くプロジェクトは爆弾を抱えており、落とし穴にハマった担当者のケツには火がついており、たいへんなことになっていて、そういった状況を知らずに任されてしまった人は地雷を踏んだのちに火だるまになるわけであるが、火消し部隊がやっと鎮圧した企画はおおむね「凍結」されるという。

ショートする

電気系統のトラブルのことではなく、予定した数字に結果が届かない場合に用いる。

「上期は2億5千万円ほどショートする見込みです」

考えてみると、アクシデントとは、「ショートして」、「火を噴いて」、「火消し部隊」が到着するわけであり、オトナ語ってよくできてるなあとしみじみ思うよ。

兵法シリーズ

兵隊

オトナにとって会社は戦場なのだ。現場で働く人のことは「兵隊」と呼ぶのだ。

「そっち、兵隊、足りてる？」

「ちょっと兵隊まわしてくんないかなあ」

「頭いいつったって、しょせん兵隊だからなあ」

駒

戦場で働くオトナは非情なのだ。現場で働く人のことは「駒（コマ）」扱いなのだ。

「そっち、駒、足りてる？」

「どうにも駒不足でねえ」

「若いけど、駒としては十分戦力になる」

外堀を埋める

責任者に直接掛け合うまえに、その周囲の賛同を得ておくこと。オトナは兵法めいた言葉が大好きなのだ。

二の矢

二番目、二度目にとる手段のこと。「広く告知したあと、二の矢、三の矢と続けます」と使う。オトナは兵法めいた言葉が大好きなのだ。三国志とか読んでるのだ。

夜討ち朝駆け

取材相手や得意先に、朝となく夜となく食い下がっていくこと。「営業ってのはな、夜討ち朝駆けが基本だ」などと説教に兵法めいた言葉が織り交ぜられることも。

傭兵

オトナの働く戦場では結果が求められるため、数字が芳しくない部署には、他社もしくは他部署から助っ人が送り込まれる。いわゆる傭兵。

「あの部署、ほんとにヤバいらしくて、来週アタマから傭兵呼ぶらしいよ?」

オトナにとって会社は戦場なのだ。

外人部隊

オトナの働く戦場では結果が求められるため、数字が著しく芳しくない部署には、他社もしくは他部署から何人も助っ人が送り込まれ、緊急チームが組まれることもある。いわゆる外人部隊である。

「外人部隊に全部任せて平気かなあ」

オトナにとって会社は戦場なのだ。

~軍団

オトナの働く戦場に、業者の人たちが一時的に陣取った場合、なぜか「~軍団」と呼ばれる。「~」の部分には会社名や業種名が入る。「日光猿」や「石原」といった言葉は残念ながら入らない。

「第2会議室、いま撮影軍団がいるから使えないよ」

オトナにとって会社は戦場なのだ。

ミッション

オトナにとって会社は戦場であり、しばしばオトナはミッションを遂行しなくてはならないのだ。ミッションを遂行、というと聞こえはいいが、要するにふつうの業務をやることなのだ。気分だけでもジェームズ・ボンドなのだ。ボンドさんだって、日本の会社に潜入した場合は「さようでございますか」くらいは言うと思うのだ。

■時代劇シリーズ

島流し

オトナは時代劇めいた言い回しも大好きだ。左遷、すなわち「島流し」ということだ。

「二課に本条っているだろう？　あいつ、どうやら渡辺本部長の逆鱗に触れて島流しらしいぞ」

そう言う上司のベストワン映画は『たそがれ清兵衛』。

都落ち

オトナは時代劇めいた言い回しが大好きなんだってば。本社から左遷させられた人、すなわち「都落ち」だ。

「あいつは都落ちだから、学歴だけは高いはずだぞ」

そう言う上司が女優について話すときの口癖は、「『たそがれ清兵衛』の宮沢りえはよかったなー」

腰巾着

オトナは時代劇めいた言い回しが染みついているのだ。有力者の取り巻き、すなわち「腰巾着」だ。

「あいつは渡辺本部長の腰巾着だからな」

そう言う上司が映画のウンチクを語る。

「『たそがれ清兵衛』の原作は短編なんだけどな」

太鼓持ち

オトナは時代劇めいた言い回しを死守するのだ。有力者の取り巻き、ときには「太鼓持ち」だ。

「あいつは渡辺本部長の太鼓持ちだからな」

そう言う上司のウンチクが続いている。

「『たそがれ清兵衛』のほかに、『だんまり弥助』とか『うらなり与右衛門』とか、藤沢周平の短編はシリーズになっていてだな……」

カバン持ち

オトナは時代劇めいた、あ、これは時代劇じゃないか。有力者の取り巻き、あるいは上司の付き添い、そういった人々を称して「カバン持ち」である。

「あいつも最初は渡辺本部長のカバン持ちだったのにな」

そう言う上司が泥酔して藤沢周平を読めと言っている。

『蝉しぐれ』は読んだのか？　ダメだ！　『蝉しぐれ』を読んでないやつはダメだ！　『用心棒日月抄』くらいは読んだんだろ？　え？　読んでない?!　ダメだ！　おまえはぜんぜんダメだ！」

お家騒動

次期社長の座を社長の息子と専務が争ってうんぬん、敗れた派閥の進退問題がうんぬん、といった人事上のどたばたを、昔もいまもお家騒動などと称する。

参上いたします

それでは、みょうにち10時に参上いたします。おまえは、忍者か。いいえ、社会人です。

いたしかねる

「残念ながら、その条件ではいたしかねます」

ていうか、主語を変えればほんとに侍だぞ、これ。

「拙者、その条件では、いたしかねる」

よきにはからえ

忍者、侍ときて、今度は殿様の登場である。

「まあ、なんかあったら、よきにはからえでよろしく」

現代の殿様は指示がかなりぞんざいである。

■ハードボイルドシリーズ

一匹狼

「あいつは一匹狼だからなあ……」

気弱な上司が、都会の夕暮れをブラインド越しに眺めながらため息まじりにそうつぶやく。しかしながら、上司は彼をほめているわけではない。

「あいつは、協調性がなくて困るよ……」

そういう意味を含むのである。ハードボイルド。

裏口

正規のルートを通るよりも優先してもらうこと。あるいはその方法。パイプ同様、いろんな裏口を知っていると重宝がられる。なにやら非合法めいた印象のある言葉だが、ぎりぎり合法である。そう信じたい。

切ったはったの世界

死んでもらいます、ということではなく、お金絡みとか、相場絡みとか、日々、気を抜けない世界なんですよ、という意味で使われたりする。

「私どもはもう、切ったはったの世界ですから」

ほんとに切ったりはったりしているわけではないので若手社員のみなさんはビビらないように。

仁義を切る

死んでもらいます、ということではなく、関係者にことわりを入れておく、ということ。

「念のため、関連部署に仁義を切っておきます」

「渡辺本部長に仁義切っとかないとうるさいからな」

営業部のノホホンとしたお姉さんもふつうに使ってる言葉なので、若手社員のみなさんはビビらないように。

秘密の番号

　営業時間が終わって連絡がとれなくなっても、先方の社内には誰かしらいるはずなのである。そこへつながる秘密の電話番号を、知っている人は知っているのである。

「あっ、7時過ぎちゃった。シロクマ商事って電話つながらなくなるんだよなー」

「後藤さんが秘密の番号知ってるよ」

　秘密の番号といっても、その程度の秘密だ。

人買い

　といっても、人身売買に関係することではない。ヘッドハンティングやスカウトのことを指すんだぜ、坊や？

相殺する

　あっちにこっちが請求して、こっちがあっちに請求して双方の貸しや借りをうまいことやってゼロにすること。死なばもろとも、というわけではないんだぜ、坊や？

ブツ

　ボスが小声で「ブツが入りしだい連絡入れます」などと言っていても、電話の相手はマフィアじゃないぜ。それはおおむねたんなる商品を指すんだぜ、坊や？

■スポーツシリーズ

ボール

投げたり受け取ったりする意味では球体のスポーツ用具と同様だが、オトナがいうボールとは、やりとりする質問や要求やアイデアを指す。投げ合ううちにどこへ行ったかわからなくなるあたりも実際のボールに似てるが。

タマ

ボールでもなければ命でもない。企画やアイデア、ネタ、商品などをこう呼ぶ。

「明後日、先方で打ち合わせるからタマ出ししといてね」

「連休だっていうのに肝心のタマがないんですよねえ」

「来期、いいタマある?」

この程度の言葉を恥ずかしがる女性社員などいない。

全員野球

バッチコーイ! 野球はチームワークだ! 会社だってチームワークだ! 全員野球だ!

「ここはひとつ、全員野球で乗り切ろう!」

「全員野球で臨むことになるからそのつもりで!」

上司のテンションは高いが、部下が全員野球ファンだと思ったら大間違いである。野球ネタを連発する上司って多そうだなあ。かといって「オフサイドぎりぎりまで売ってこい」とか言われても同じことだけど。

飛び込み

ザブ〜〜ン!! と飛び込むわけではない。清水の舞台から飛び降りるわけでもない。アポなしで、そのへんの事務所などを突然訪れ、売り込みをかけること。なかなかタフな仕事である。お疲れさまです。

丸投げ

仕事をほかの人や会社にまるごと委託すること。まるごと投げるから「丸投げ」であり、これはオトナ語としてもかなりわかりやすい。ところが「あいみつを取って丸投げする」となるとたんに相撲めいた話になるので注意したい。「あいつはいっつも丸投げしてばかりだ」などと、もの言いがついたりしてな。

ジャブの応酬

とりあえず会って顔合わせなどしたのだが、どちらも表層的な話題に終始し、牽制するばかりでけっきょく本心を見せなかったということ。

「いや、もう、2時間、ジャブの応酬ですよ」

意図的に先方の様子を探ることを「ジャブを入れる」などとも言う。

マラソンにたとえると〜キロ地点

年輩のオトナは仕事をマラソンにたとえがちである。「まずは順調だが、マラソンにたとえるとまだまだ10キロ地点といったところだからな」

同様に、年輩のオトナはしばしば仕事を富士登山にたとえることもある。

「富士登山でいうと六合目というところだ」

ウルトラC

ピンチを救う、特別な手段といった意味合い。人脈だったり、アイデアだったり、特別予算だったり。

「いや〜、あのときはどうなることかと思ったけど、片桐部長のウルトラCでなんとかなったよ」

もとは体操用語だと思われるが、ウルトラCが最高難度の技だったのは遙か昔である。

■女性シリーズ

お局さま

要するに、お歳をめした存在感のある女性社員のこと。多くの場合、未婚であるが、それが条件ではなかろう。

大奥

お局さまがたくさんいらっしゃるような場所。独自の文化があり、独自の規律があり、独自のにおいがする。

寿退社

結婚して退社すること。なぜか女性にのみ適用される。知らせを聞くと大奥のお局さまたちはご機嫌が悪くなる。

〜女史

無神経な男性社員などが口にしがちな謎の肩書き。
「山下女史、これお願いしていい？」
本来は知識ある社会的な女性をそう呼んだらしいが、今日ではあまりいい印象はないようだ。年下の女性社員を「〜嬢」呼ばわりする人も慎んでいただきたい。

オンナノコ

非常にざっくりとした意味で女性社員をこう呼ぶ男性上司が多いのだという。
「じゃあ、オンナノコに取りにやらせますので」
むろん、呼ばれた側は憤慨しており、アタシがオンナノコなら、あいつらをオトコノコと呼べよ、と思っているのだが、ごくまれに、オンナノコと呼ばれてまんざらでもない女性社員もいると聞く。

オンナノコには優しいから

先方は女性が訪ねていくと上機嫌になり、あまり無理を言わないという傾向がある。だからこそ、新人のオンナノコを抜擢したわけだが、さすがに彼女は最初の訪問を前にして緊張している。そこで経験豊かな上司が彼女にひとことアドバイス。

「大丈夫だよ、あの課長、オンナノコには優しいから」

アマゾネス

女性ばかりの会社などを指して男性社員が言いがちな言葉であるが、発想が中学生レベルであるといえよう。「女子バスケ部のアマゾネス軍団がさ〜」というのとほとんど同じである。いつの時代も、元気な女子が集まれば、それは男にとって「アマゾネス」。ガキの頃は、バカだったなぁ。

ワイフ

妻のこと。ワイフが妻なのは当たり前じゃんか、などとそしるなかれ。自分の妻のことを「ワイフ」と言うのは絶対に当たり前ではないぞ。悔しかったら言ってみろ。

■間違ってないか?

いちばんベスト

オトナ語に文法を求めてはダメだ! 意味を求めるより、感じるんだ! 辞書をひくんじゃなくて、感じるんだ!

いちばんベター

オトナ語に文法を求めてはダメだ! 意味を求めるより、感じるんだ! 辞書をひくんじゃなくて、感じるんだ!

ぜんぜんOK

本来「ぜんぜん」は打ち消しや否定の言葉をともなう副詞だが、「ぜんぜんOK」も最近はぜんぜんOKみたい。

悩ましい

そういったことに厳しい人であれば、「日本語が乱れておる!」と嘆くことうけあいの言葉。一般的には「性的にグッとくる」みたいな意味だが、オトナはたいてい「悩むなあ」という意味で使う。ところでいま念のために辞書で調べたら「気持ちがはれない」「悩みが多い」との説明もあり、じつは間違っていないのかもしれない。でもまあ、いい歳したオッサンが「う〜ん悩ましいねえ」を連発するのはやっぱり間違っているかも、と思う。

事務所

あんたはいつも「じゃ、これから事務所に向かいます」などと気軽に言うけれど、ここは事務所じゃなくて会社だぞ。あんたはなんでもかんでも事務所って言うがその8割は事務所じゃないぞ。まあ、べつにいいんだけどさ。

〜しておるのですが

「〜しております」と「〜しているのですが」が微妙に混じったこの言葉は文法的にどうなのか。また、こういう妙な言い回しって、居合わせた人にすぐうつるんだよなあ、と、つねづね思っておるのですが。

今現在

今は現在に決まってるだろう！　という冷静な突っ込みをよそに、全国のオフィスや現場でくり返されている不思議な日本語である。「今」よりも、「現在」よりも、いっそうリアルな「まさに、今！」を表現しているのか。

「と、いうのが、今現在の状況でして」

「今現在は回復している模様ですので」

オトナは時間の表現を状況に応じてカスタマイズすることに長けているのである。

部長殿

役職に「殿」をつけるのは、マナーとして正しくないのだ！　ということらしいので、役職に「殿」をつけるときには、「怒られるかもしれない！」と覚悟しながらつけるべし。なぜそのような曖昧な言い回しを用いているかというと、「本来はこういう日本語なのにケシカラン！」というスタンスで書き進めてしまうと、この本が成り立たなくなってしまうからである。なので、役職に「殿」をつけようが、「とんでもないことでございます」を「とんでもございません」と言おうが、「ら抜き表現」を駆使しようが、レジ係が「千円からお預かりいたします」と言おうが、ウエイトレスが「こちらのほう、コーヒーになります」と言おうが、当方としては、すべからくぜんぜんオーケーな確信犯なんだけれども、「これって怒られる言葉なんだよな」ということもきちんと知っておくのがオトナであると思うぞ。さて、何カ所日本語が間違っていたでしょう？

■オヤジ語シリーズ

ロハで

無料で、タダで、という意味。語源を知りたければ、漢字の「只（ただ）」という文字を上下にばらしてみよ。

はんどん

半日のみの勤務体制のこと。「どん」の語源には、オランダ語で休日を意味するゾンタークから転じた説と、正午に大砲をドンと鳴らす慣習から生まれた説がある。

ノミュニケーション

酒を飲んで交流をはかることだ。説明させんなよ。

ガラガラポン

紆余曲折あって迷走中の企画などをいったんゼロに戻してやり直す意味と、いろんな意見をすべて反映させるわけにはいかないから完全じゃないけど、とりあえずかたちにして出してしまいましょう的ニュアンス。諸説をガラガラポンするとそのような意味になるみたいです。

ほう・れん・そう

報告レンジャー！　連絡レンジャー！　相談レンジャー！　3つそろって、ほうれんそう！　……ダジャレ？

なんにも専務

なんにもしない専務のことだ。説明させんなよ。

ぽんち絵

上司から「おい、ここに、ぽんち絵入れといて」と言われて戸惑う若者続出。書類などに添える、簡単な図を指す。「ここのマンガ、要らないから削除して」というのも同じ意味である。それにしても「ぽんち絵」というのはものすごいインパクトであることよ。キレ者と評判の女性上司も使ったりするのだろうか。

「村上クン、ここにぽんち絵入れてくれる？」

そもそも論

そもそもの話に立ち戻るならば、という意味。

「いや、そもそも論、価格を下げるのは無理でしょ？」

「いまさら、そもそも論やってる場合じゃないだろう」

新入社員にはもちろん、30代の中堅社員にもなかなか使いこなせない言葉である。

シャンシャン

予定調和で、何事もなく終わること。「なんだよ、けっきょくそれかよ」といったニュアンスで使われがちだが、火を噴くよりはシャンシャンのほうがマシである。

どうなのよ、最近こっちのほうは？

などと言いながら、親指と人差し指で輪をつくったり、小指をたてたり、ゴルフのスイングをしたり。

おいくら万円

いわば駄菓子屋のおばちゃんレベルのひと言であり、脱力することこのうえない。こんなことを言うオトナもいるということで、さっさとつぎに読み進んでほしい。

■しやわせシリーズ

幸いです

他者に対して「～してくれ」とたのみたいとき、オトナはまず「～してください」と柔らかく表現し、それが「～していただきたい」となり、ついには「～していただくと幸いです」となる。上流の四角い石が川底を伝ううちしだいに丸くなり下流では丸くなるように「～してくれ」は「～していただくと幸いです」へと変化するのだ。

幸甚です

さらにその「幸いです」を、かしこまって表現したい場合はこのようになる。人生における「幸甚です」の使用量を年代別にグラフにした場合、23歳を超えてから、そのグラフは急上昇していくのだという。

お互いハッピー

まあまあ、弊社と御社は似たような力関係だし、いい仕事すればどっちもうれしいじゃないですか、といった雰囲気の場で使われるカワイイ言葉。

「まあ結果はどうあれやるだけやっておいて、それが結果につながれば、お互いハッピーですよね」

「どちらとも判断できない感じですけど、なんとかお互いハッピーになるようなかたちにして」

お互いハッピーな関係がどんどん連なっていけば、社会全体がハッピーになるんだけどな。

幸せかなーと思って

私どもにもいろいろありますし、御社にもいろいろありますし、まあ、難しい話ではありますけど、とにかく、そうなれば、どちらにとっても「幸せかなーと思って」。

ウレシイ

思いがけないプレゼントをもらって「きゃあ、うれしい！」と無邪気に喜ぶようなことではなくて、利益や効果があることを意味する。

「それはユーザーにとってなにがウレシイの？」

「それじゃウチはウレシくないなあ」

ウイン・ウイン

なんじゃそのふざけた言葉は、と思うなかれ。厳しいプレゼンや打ち合わせの現場で大まじめに使われている言葉である。弊社も御社も、ウチもおたくも、両方にとってうれしい結果が出る様子。「お互いハッピー」に近いが、最近の流行りはこっち。

「店頭で火がついて増産ということになれば、ウイン・ウインの状況にもっていけるかと」

バンザイ

「やっほー！」のバンザイではなくて、「お手上げ」「降参」を意味する。「ここまでやってお客さん入んなかったら、もうバンザイでしょ」などと使う。

バンバンザイ

バンザイは「お手上げ」だが、バンバンザイは「やっほー！」となるからオトナの世界はわけがわからない。

「この程度でお客さん入ったらバンバンザイだね！」

バンがひとつ増えるだけで天国と地獄。

■領収書シリーズ

上様

オトナが「上」と言う場合、それが上司を指すということはすでに述べた。ところが「上」に「様」がついて「上様」になると意味はまったく変わってくる。これは領収書受け渡しの場面で大活躍する言葉で、「恐れながら上様に申し上げまする」という時代劇じみた言い回しのことではなく、領収書に名前の代わりに使うのが基本。注意すべきは発音時で、領収書に書くときは「上様」だけれども実際に口に出すときは、しばしば「様」を省き「上」とだけ言う。このあたり、作法を学んでおきたい。

「宛名はいかがいたしましょうか?」

「上でお願いします」

なお、レジ係が慣れている場合、「宛名は上様でよろしいですか?」と先回りしてくることもある。そんなときも「ええ、上で」とさらりと答えるのがオトナである。

まえかぶ・あとかぶ

現役社会人にとっては当たり前の言葉かもしれないが、社会に出て戸惑った人も多いという。つまりそれは「株式会社」が、社名の前にくるか後にくるかを意味する。

「宛名はいかがいたしましょうか?」

「あとかぶで、オトナ商事でお願いします」

この場合、領収書の宛名欄には「オトナ商事株式会社」と書かれることになる。

日付ナシでもらえる?

これはちょっと上級技術。高額の領収書は、精算にあたり会社への事前申請が必要となる。申請していない場合は、店側にそうたのんで日付を空欄にしてもらい、後日申請したのち、申請後の日付を自分で書き込むのである。要するに、そういうことはやっちゃダメである。

経費で落とす

領収書といえば経費。経費といえば「落とす」もの。

「あ、ひとりいくらですか?」

「いいよいいよ、落とすから」

「落ちるの?」

「落ちる落ちる。だって仕事だもん」

こういった応用例も知っておこう。

じゃ、端数だけ

上司が部下をつれて飲みに行き、勘定を払う段になってレジで言う言葉。おごってもらっては悪いと気をむ部下を納得させる気遣いがニクイ。

「片桐部長、割り勘にしましょうよ〜」

「じゃ、端数だけちょうだい」

むろん、片桐部長は領収書などもらわない。

ウチがもつ

経費で落とすのはどちらの会社か、ということをレジスター前などで論議する場合によく使われる言葉。その料金を支払うことを我が社が引き受けるということを意味する。ビジネス上の話ではなく、飲み会や接待のときなどによく使われる。

「ここはウチがもちましょう」

「いえいえ、ここはウチがもちます」

「いやいやいや、ほんと、ウチが」

「いえいえいえ、ここはひとつウチが」

それは、電車の中で、ひとつ空いた席を譲り合っているおばちゃんたちの会話によく似ている。

「奥さん、空いたわよ、どーぞどーぞ!」

「いえいえ私はすぐ降りますからどーぞどーぞ!」

「いえいえいえ、奥さんどーぞ!」

「いえいえいえいえ、奥さんどーぞ!」

……あんまりカッコイイやり取りじゃないなあ。

■四文字熟語シリーズ

実際問題

そうはいっても現実的に考えれば、の意味。

「実際問題、それで間に合うの?」

「実際問題、ひとりで大丈夫なの?」

「実際問題、鼻血出てますけど?」

姉妹品、「現実問題」も取りそろえております。

現場対応

机上の空論に飽き飽きした体育会系の男が叫ぶ。

「もうあとは現場対応でいきましょう!」

そうなったときになんとかしましょう、という意味を持つオトナ語は多いが、こちらは「現場で苦労するのはしかたない」という覚悟があるぶん、やや男らしい。

事後承諾

ことを進ませてしまったあとで了承をとること。ようするに、もうやっちゃったもんね、ということ。「これは判断を待つよりいま動くべきだ」という賢明な反応によってそうなることもあるが、半分くらいは、正式な許可をとろうとすると時間がかかるからやっちまって頭下げよう、という意識的な反則技であるという。やっちまった際は、「事後承諾になってしまって恐縮ですが」といったかたちで慎重に切り出せ。

四角四面

マジメなのはいいことだが、それはちょっと堅すぎやしないか、という様子を表す。

「まあ、そうやってなんでも四角四面に考えるなよ」

「ま、四角四面にとらえるならば、ということですが」

再三再四

何度も、と言えばそれですむところだが、発言に意識的にトゲを含ませるときはこれを使う。

「再三再四、ご返却をお願いしておりますが」

「再三再四の催促にもかかわらず」

ビジネスとは無関係だが、ひとり暮らしの貧乏学生の家にもこういったことを書かれた通知がよく来る。

五月雨式

できあがったところから順次納品していくという意味であり、なかなか美しい表現である。たとえ締切間際の修羅場であろうと、「すんませんが、できたとこから送りますんで！」などと焦りながら告げるより、「時間もないことですし、五月雨式に送りますね」とクールに言ってみたいものだ。待たされてるほうは同じだけれど。

許容範囲

それくらいなら許されるだろう、という意味を込めてオトナは「許容範囲！」と叫ぶわけだが、その範囲がどこからどこまでかは不明である。とくに、納期が迫っていて十分な修正が効かないような場合は、その範囲は果てしなく広いものとなる。

「あの、ここ2ミリはみ出しちゃうんですが……」

「許容範囲！」

「これ、どう見ても緑色ですねえ……」

「許容範囲！」

「ありゃ？　センチじゃなくてインチじゃん」

「許容範囲！」

「５００個じゃなくて、５個でした！」

「き、許容範囲！」

「おい、今年２００３年だぞ！」

「き、許容、範囲……」

許容範囲の旗の下、オトナたちは突き進む。

■謎の隠語シリーズ

異業種交流会

業界の垣根を超えて情報交換する会合である場合もあるが、男女が同数で集って騒ぐ合コンである場合もある。

国際交流

国境を超えて文化や情報を交換する場合もあるが、外国人のおねーちゃんのいる店で飲み食いする場合もある。

夜の部

接待など、酒の席を指す。接待を切り盛りする人は、「夜の部担当」などと冷やかされたりもする。

芝刈り

ずばり、ゴルフを指す。本人が「下手の横好きで」という意味を込めながら使う隠語なので、「部長は芝刈りがお好きなんですね?」などと本人に言ってはならない。

中国語の勉強

ずばり、マージャンのこと。ほかに「中国文化の研修会」や、「中国市場勉強会」など、さまざまな呼び名がある。どういうことを勉強するかというと「リャンメン待ちのない悪型の配パイをいかにしてピンフにもっていくか」とか「ラス前6000点差の2位においてこだわっていたサンシキをどこであきらめるか」とかいうことでありひょっとしたらビジネスに役立つかもしれないといえなくもないかもしれなくもないかもしれない。ちなみにマージャンを打つことをしばしば「囲む」という。

東京

全国に支店を持つ企業、フランチャイズグループにおいて、地方の支店が東京本社を指して言う。

「けっきょく、東京がどう言ってくるかでしょ?」

「東京が動かないと何もできないから」

「今度の部長、やっぱ東京から来るみたいよ?」

行間になんらかの反骨精神を感じ取ることができよう。

海の向こう

地方の支店が「東京の決定だからなあ」と言うときそれは本社を指すわけであるが、外資系企業の場合だと本社は「海の向こう」となる。

「海の向こうの人が言うことだからしょうがないでしょ」

「海の向こうの人の考えることはわからんなあ……」

こちらは行間にあきらめが見受けられる。

大手町

競合するライバル会社のことを、オトナはしばしば地名で呼ぶ。とくに、先方におじゃまして、そこで先方のライバル会社の名前を言わなければならないようなときにそういった言い回しをしがち。

「そこは千駄ヶ谷の出方しだいですねえ。大手町のほうは大丈夫なんですか?」

「まあ、麹町しだいじゃないですか?」

「麹町は人形町の件があるから怪しいですね」

「そうだな。となると、あとは曙橋か……」

なにがなんだかわからんわい。

大蔵大臣

広い意味での経理担当者。「うちの大蔵大臣がなんて言うかなあ」という場合は、おおむね妻を指す。

俳句をオトナ語でアレンジ

【雀の子　そこのけそこのけ　お馬がとおる】

拝啓、貴社、益々ご清栄の事と御慶び申し上げます。

さて、突然厚かましいお願いで恐れいりますが
雀さまの場所を少し移動していただきたくご連絡したしだいです。
と申しますのも、
間もなくそちらをお馬さまが通過されるという情報が入りまして、
場合によっては雀さまに物理的なリスクがあることが拝察されます。
大変お手数ですが、若干移動を行っていただけますでしょうか。
また、重ね重ね恐縮ですが、通過時間がきんきんにせまっておりますので、
なるはやでご対応いただけると幸いです。
なお、この決定に関しては、
決してお馬様のプライオリティが高いわけではなく、
あくまで物量的な観点のみからです。
また、この処置は、暫定的なものとなりますのでご安心くださいませ。

追伸：お馬さまNRとのことです。

（提供者：おけ）

古典芸能をオトナ語でアレンジ①

【海老一染之助　染太郎】

「おーい、営業のほうから来期の数字は上がってこないのか？」
「ええ、まだなんですよお。先週からずーっと数字出せって催促してるんですけどねえ。やっこさんなにやら今月はノルマが厳しいらしくて、いつもより外回りが多いから机にいる時間がぜんぜん取れないんで、今週なるはやで出しますからとか言いわけしてましたけどねえ」
「なんだよ、毎日残業して汗水たらしてモノ作ってんのは俺達なんだぞ。あの大先生はいつも口先ばっか調子よくってそのくせ数字は間違ってるわ納期はいい加減だわ、まったく……」
「それで給料同じなんですからねえ」

（提供者：し）

古典芸能をオトナ語でアレンジ②

【一度でいいから見てみたい　女房がへそくり隠すとこ】

お休みの、しかもご夕食どきに
まことに恐縮ではございますが
当家大蔵大臣による資金私的流用疑惑に関し
速やかに遂行現場での立ち会い機会を頂戴したき旨
全国の皆様にご報告申し上げます。

歌丸
（提供者：ユズ）

アニメをオトナ語でアレンジ①

【おばけのQ太郎】

「ご無沙汰しております。あのですね、例の、商品付帯のQ太郎プロジェクトの件なんですが」

「はぁ、オマケのQ太郎はですね……」

「アタマに毛が3本しかないということがネックで、持ち帰らせていただいたきりペンディングだったわけなんですが……」

「もうあの話は、あの時点でお断りさせていただいておりまして、今後の検討はないと認識しております。では」

「と、ところがですね、その、きゅ、きゅ、Q太郎プロジェクトはですね、あれから持ち帰ってうちのほうでかなりもみまして、大化け、大化けしたんですよー！」

「お言葉を返すようですが、そちらさまのほうで頓挫されましたのに、慌ててそういったお話をいただきましても、いつも失敗ばかりということでは、これ以上の検討も致しかねると」

「……ですが今回は、いい恰好にまとめるつもりなんですけどねぇ。一度お話聞いてもらえませんでしょうか」


（提供者：さとさと）

アニメをオトナ語でアレンジ②

【バカボンのパパ】

「こちらでけっこうでございます」

（提供者：MM）

アニメをオトナ語でアレンジ③

【妖怪人間ベム】

「お電話ありがとうございます。『闇に隠れて生きる』の妖怪商事でございます。あ、どーもどーも！　昨日は電話でいきなりすいませんでしたね。うん。あー、それはさあ昨日も言ったじゃない。お宅さんにうちらの姿をお見せするのはちょっとアレですって。うん。だってめちゃめちゃ獣めいてる訳だから、うちら。だーかーら、お宅にお願いしてるんじゃないのー。なるはやで人間にしていただきたく切にお願いつかまつるって。こんな暗いご時世さあ、どかんと吹き飛ばす明るい材料ってお宅にないわけ？　私の名前？　言ってなかった？　ベムだよ、ベム。従業員？　ベラとベロつう同族が二人だよ。だから言ってるじゃない。妖怪人間だよ。妖怪人間。あ、こら！　切っちゃった。なんだっつーの」

（提供者：ぶっちゃー）

アニメをオトナ語でアレンジ④

【デスラー】

「左舷前方に敵駆逐艦出現！」
「艦首魚雷発射口損傷！！」
森　「レーダーにはなにも映りませんでした」
島　「敵はいったいどこから現れたんだ！」
真田　「瞬間物質移送機！」
南部　「デスラー戦法！」
相原　「まさか、デスラーは死んだはずじゃなかったのか！」
古代　「間違いない。これはデスラーだ。デスラーは生きている」
『ハハハハハハ……』ビデオスクリーンにデスラー映る。
一同　「デスラー！」
デスラー「ヤマトの諸君、お世話になっています！」

（提供者：モリタツ）

アニメをオトナ語でアレンジ⑤

【サザエさん】

----- Original Message -----
From: "Sazae Fuguta"
To: 渡辺本部長
Cc: 磯野課長
Sent: Wednesday, September 03, 2003 3:08 PM
Subject: 始末書

お疲れさまです。
開発課のフグ田サザエでございます。
過日の私の失態につきまして、おわびいたしたく一筆申し上げます。

一昨日午後、侵入者により、
当社の新商品サンプル「おさかな」が持ち去られた際、
小職の行動は第一目撃者としての行動ではなく、
即刻通報をするべきところ、その重責を怠り、
しかも自席にて靴を脱いでいたために
裸足で社屋外まで追跡いたしましたこと、
近隣の皆様方にわが社のイメージを
落とすような行為とご指摘を受けました点、深く反省しております。

また、その後、夕刻の会食会の不足物の調達のため、
商店街へ出向きました際、持ち出すべき小口現金を忘れ、
購入ができずそのまま帰社しました。
商店の皆様方からは失笑をかい、さらに会食の開始時間を大幅に遅らせ、
業務に支障をきたしましたことを心からおわびいたします。

ひとえに私の不注意から、
会社のイメージという大きな財産に対し、
多大な損害を与えましたことをまことに申しわけなく存じております。
深く反省し、今後は二度とこのような不始末を
くり返さないように十分注意することをここに誓います。

何とぞ寛大な御処置を賜りますようお願い申し上げます。

（提供者：さとさと）

その他篇

オトナの使うオトナ語は、
日常に根ざしたものであるがゆえ、
日常の続くかぎり増え続けると考えるのが自然である。
おそらくこの本に記したのは、
その代表的なもののひとつかみにすぎないだろう。
これまでに紹介しきれなかったものを
まとめて最後に掲載する。
くり返すがこれでオトナ語のすべてではないし、
オトナ語を完全に網羅することなど不可能である。
世にオトナのあるかぎり、オトナ語は生まれ続ける。
それは、あなたの口からかもしれない。

～さん

オトナはなぜか、会社名に「さん」をつけてしまうのだ。会社名とはいえ、呼び捨てにすると、なんか相手に失礼な感じじゃないか。だからぼくらは、「さん」づけするのさ。会社名だけど、「さん」づけするのさ。たとえばこの本を印刷してくださっているのは、図書印刷さん。ちょっぴりせっかちな図書印刷さん。長いから縮めて、図書さん。また遊ぼうね、図書さん。

～屋さん

要するに、それを商売とする人たちのことなのだが、八百屋さんや魚屋さんというふうに使うわけではなく、工事屋さん、携帯屋さん、コピー機屋さんというふうに使う。このへんならまだ理解しやすいが、ソフト屋さん、ハード屋さんあたりになってくると初心者にはツラい。

ハケンさん

述べたように、オトナはいろんなものを「さん」づけするのだ。派遣社員の人のことは「ハケンさん」なのだ。

「山岸さんってプロパー？」

「ハケンさんだよ」

なんだかオチャメで愉快なお姉さんという印象があるが、当然ながらヒゲモジャのハケンさんもいるし、食事のあと腹をさすりながら「食った食ったぁ」と満足げにつぶやくハケンさんも存在する。

～のもの

「それでは担当のものと代わります」

「じつは私、代理のものなのですが」

「社内のものがおりますので」

いや、合ってるんだけど、なんだか、ねえ。

おエライさん

大きな意味では上司だが、役員レベルを指すことが多い。ある程度の年齢となったベテラン社員がぼやき混じりに会社を批判するとき多用。批判的に呼びながらも、頭に「お」をつけてしまうのはオトナの性か。

「知らねえって。おエライさんが決めることだろうよ」

複数の場合は「おエライさん方」となる。

長のつく人

社長、部長、編集長、局長などを指す。班長や係長くらいには使わないのがふつう。あ、会長も違うか？

「それでは、いったん持ち帰らせていただきまして、長のつく人と相談させていただきます」

いうまでもないことだが、「長島」さんや「長谷部」さんはこの範疇にない。

この子

自社の製品に対する愛称。

「この子が売れてくれるといいんだけど」

「ちょっと第一印象が弱いんだよね、この子」

そこはかとなく愛情を感じる言葉であり、ドライなオトナ語のなかにあって異彩を放つ。

この人

前述した「この子」と似るが、こちらはパソコンの愛称として使われる割合が多いようだ。また、パソコン内で走るプログラムやアプリケーションソフトを指す場合もあり、それはやはり人格を感じさせるためだろう。

「この人、最近機嫌悪いんだよねえ。どうも、この人が悪さしてるんじゃないかと思うんだけど」

「あ、またこの人か！」

とっぱらい

その場で賃金を現金支給すること。ちなみに、その場で現金支給された賃金を後ろから走ってきた泥酔者により持ち去られた場合、「とっぱらいだったがよっぱらいにかっぱらわれた」という、じつに趣深い表現になる。かっぱかっぱのかっぱかっぱかっぱらった。

ならび

支払う報酬を源泉徴収される10パーセントの所得税込みの数字にすること。たとえば若手芸人チョンマゲ四姉妹のギャラが８０００円だったとすると、実際に振り込まれる額は源泉徴収を引いて７２００円になってしまい、チョンマゲ四姉妹はガッカリするが、ギャラが「8ならび」だった場合、額面８８８８円の手取り８０００円ということになり、チョンマゲ四姉妹も大喜びするわけである。

なながけ

本来の価格の70パーセントで買ったり仕入れたりすること。むろん「はちがけ」も「ろくがけ」もあるわけだが、「にがけ」くらいになると「にがけぇ!?」という驚愕の反応になるのがふつうである。割引されたものがさらに割引されたりする場合は、「なながけのなながけ」というふうに表現され、高いのか安いのかよくわからなくなってついつい電卓を叩くことになる。

半値八掛け二割引

そして、場所と時期によってはこんなことになることもあるらしい。ハンネハチガケニワリビキ？　ええと、０．５×０．８×０．８＝０．３２？　ってことは、なに？　１０００円のものが３２０円？　１００円のものは32円？　え、なになに、どゆこと？

片手

ざっくりとした見積もりのときなどに使う、なんらかの「5」を意味する言葉。仕事の種類や規模に応じて、5万円だったり50万円だったり5千万円だったり。

「どうがんばっても片手はいきそうですねえ」

「逆にいうと片手でおさまりますか?」

発音の際、相手に向けた手のひらはもちろんパーの形になっている。同じ使い方で「両手」もあり、こちらは当然、なんらかの「10」を表す。

数字を丸める

数字の端数を処理して、「0」の多いざっくりとした数字にすること。先輩から見積もりの書類をぽんと渡されて、「これ、数字丸めといて」などと言われた場合、念力などで無理矢理丸める必要はない。

まっかっか

ものすごい原価割れ。びっくりするような赤字。

「例のあれはけっきょくどうだったんです?」

「いや、もう、まっかっかです」

まっしろになる

一瞬、思考を失ってしまう様子。重要なプレゼンでそうなる場合もあるし、思わぬミスに気づいてそうなる場合もあるし、あまりの忙しさにそうなってしまう場合もある。矢吹丈とは無関係である。

小職

オトナは自分のことを下へ下へと持っていく。へりくだればへりくだるほどオトナである。小職とは、一人称をへりくだる言いかた。いっかいの職員、といったニュアンスか。ちなみに銀行員などは「小員」になる。職種を問わない「小生」もとりそろえております。

おてすき

まず、「手」に「お」をつけて上品にします。そして、「混む」の反対の意味である「空く（すく）」を持ち出してきて、「お手が空く」というふうに考えてみましょう。それを活用させつつギュッと縮めると、「おてすき」になります。「おてすきのときにご覧ください」と簡単に言いますが、成り立ちを分析すると意外にややこしいのです。なんでそんなややこしいことをしてるんですか。

あごあし

「あご」は食事を指し、「あし」は移動を意味する。つまり、「あごあしつき」といえば、食費も旅費も先方が手配して払ってくれるということになる。わりと知られていることなので飲み会で披露しないほうがいいぞ。「信州？　あごあしつきで？　いいなあ……」

あごあしまくら

「あご」は食事、「あし」は移動、それでは「まくら」は、なぁ～に？　もったいつけるまでもなく宿泊を示す。つまり、「あごあしまくらつき」といえば、食費も旅費も宿泊費さえも先方が手配して払ってくれるということになる。語源はともかく、先方からそういうもてなしを受ける運びとなったら飲み会で自慢したほうがいいぞ。「豪州？　あごあしまくらつきで？　マジかよっ！」

おんぶにだっこに肩車

なにからなにまで依存している様子。

「いや、なにをおっしゃいますやら！　今回の成功はもう御社のおかげでして、おんぶにだっこに肩車ですよ！」

「いやもう、よろしくたのんます。ほんと、今回ばかりは、おんぶにだっこに肩車ですわ。たよりにしてまっせ」

いったい我々はどこまでへりくだるのだろうか。

手弁当

自分のご飯は自分で用意します、という意味ではなく、いや、そういう意味もあるにはあるのだが、それによってかかる費用や手間はいっさい手前どもが持ちますし、必要なものは自分らで持ち込みますので、いっさいお気遣いなく、という気概の表れ。

「K運送さんは手弁当でがんばってくれてるからなあ」

丙丁つけがたい

非常に低いレベルで優劣を判断すること。気の短い上司に言わせれば「んなもん、メクソハナクソだ」ということになる。仕事のレベルが低かったことは反省するが、言った上司が「うまいこと言ったな、オレ」という顔をしているのが、いささか不愉快である。

恰幅のよい

社会に出たら、太っている人に向かって「太っている」と言ってはいけない。あくまで「恰幅のよい」と表現すべし。ちなみに「貫禄が出る」という表現もよく使う。

「あの、先月に一度お会いした方なんですが、大柄で、恰幅のよい、貫禄のある……」

「ああ、渡辺本部長ですね」

お客様に言ってはいけない言葉と教える会社もある。

行って来い

「やい、一年坊主、パン買ってこい」といった意味合いではなく、話が先方に行ってこっちへ戻ってくる、といったなんらかの単純な往復を指す。「行って来い」というより「イッテコイ」のほうが近い。例によって、無理矢理に複雑にした使用例を挙げるとすると、「おまえ、ちょっといって、それじゃいってこいになってむだだっていってこい」。かっぱかっぱのかっぱかっぱらった。

人月

にんげつ、と読む。仕事の量を推し量るときの独特の単位。ひとりが1ヵ月かかる場合を1人月とする。3人で1ヵ月かかる仕事と、ひとりが3ヵ月かかる仕事はともに3人月だということになる。この本には、ほんとうに役に立つことも書いてあるのである。

てっぺん

驚いたことに、深夜0時のことを指す。

「てっぺんめどに仕上げていきます」

なんでまたこういう言い回しが生まれるんでしょうか。

時間が読めない

ええと、長い針が6のところで、短い針が3と4のあいだにあるから……などと悩むわけではない。終了する時間などが予測できない様子。

25時

深夜1時のこと。当然、深夜2時は26時。「撮影終了時刻は28時予定です」とか言われると耳を疑いたくなる。

右から左へ

代表的な意味では、企画や商品などを一方からもらって一方へ流す仲介をすることであり、その仲介手数料をとることなども含むが、裏の意味としてはしばしば「なにもしていない」という否定的な用いられかたをする。

「右から左へ流すだけで8千万かよ……」

または、会議などで話を聞いていない様。

「いくら説教しても（両耳を抜ける仕草をしながら）右から左へ抜けるだけだからなあ、あいつ」

お車をまわす

マッチョな海老一染之助さんを想像してはいけない。来客の方が帰るときに、タクシーなどの乗り物を手配すること。むろん、それなりの来客に対して。

「お帰りになりますのでお車をまわしてください」

手離れ

おおむね「～が悪い」と続く。仕事がなかなか仕上がらない様子を意味する。余裕のない局面で発せられることが多いが、言葉としてはなかなか風情がある。

「ただいまそちらにお送りいたしました。手離れが悪くてまことに申しわけございません」

修羅場にこそ、涼しげなオトナ語を言い放て。

手探り状態

手探り状態というと、前も後ろもよくわからず、手を前方へ着きだして、へっぴり腰でソロリソロリと進む男の姿を想像するかもしれないが、驚くことに、それでだいたい正解である。

「なにぶん、手探りで進めているものですから」

手探り状態のオトナたちに光が見えますように。

力仕事

400キロくらいの巨石をテコの原理を用いて7人がかりで動かすこと。ではなくて、とにかく現場でがんばってどうにかするしかないような仕事、実際に作業して量をこなしていくような仕事を指す。

「マニュアルさえできれば、あとは力仕事でしょ」

「500件か……こりゃ力仕事になるなあ」

力わざ

7トンくらいの巨象を、動滑車と定滑車を用いて40人がかりでオリから出すこと。ではなくて、「通常は使っちゃいけない特殊なやりかた」や「数や資本の力にものをいわせた圧力」などを指す。ここで終わるとやや後味が悪いが、その一方で「誰かが極端にがんばってなんとかする」ことも含むからちょっとホッとする。

寝わざ

足を飛ばしながら崩し、ささえつり込み足で技ありをとったあとにすかさず押さえ込んで、横四方固めで合わせ技一本勝ちすること。ではなくて、こじれた交渉などを、酒の席などを利用して、なし崩し的に解決する方法であり、またしても根本的な解決には至らないのである。

軟着陸

進めている企画の現実的な結果をオトナは着地と表現する。担当者としては、頓挫しかかった企画でもなんとか着地させたいと思い、策をめぐらせる。そのようにしてさまざまな犠牲を払いながら企画が着地するとき、それは「軟着陸」と呼ばれるという。考えてみると、オトナたちに大人気の『プロジェクトX』という番組は軟着陸のドキュメンタリーであるのだな。

見切り発車

先行きの見えないまま、結果に確信のないまま、計画を実行に移すこと。無計画にもほどがある、と呆れるなかれ。極論すると、たいていの企画は多かれ少なかれ見切り発車なのである。というか、関わる全員を納得させることが困難なのだ。

垂直立ち上げ

見切り発車したかと思うと、今度は垂直立ち上げである。オトナというのはいろんな比喩を使うものだと感心する。意味としては、企画や事業を立ち上げの当初から全速力で動かしていくこと。見切り発車からの垂直立ち上げなんてのもしょっちゅうある話。いったい私は何に乗っているのですか。

水平展開

垂直に立ち上げたかと思えば、今度はなんと水平に展開する。ブルーインパルスもまっつぁおのアクロバット飛行とはこのことである。いわばオトナは大空を舞うわけである。それは言いすぎである。で、どういう意味かというと関係各所に情報を回して成果を活かすようにすること。うーん、わかるようなわからんような。

はたけ

ある専門的な分野のこと。「～畑」と使うことも。

「はたけが違いますので即答しにくいのですが」

「あの人は、ほら、印刷畑の人だから」

ざる

チェックが徹底していない様子。ざるが水を通すように、問題を素通りさせてしまうということ。

「なんだこれは！　ざるだな！」

へちま

オヤジ系の上司がなにかにつけて口にする野菜の名前。

「税金だ、経費だ、へちまだ、言うけどな！」

ピン

ひとり、ひとつ、1など、それが単独である様子を示す言葉。ひいては独り立ちした様子を表したりもする。

「まだピンはきついんじゃないですか？」

「いや、大丈夫だろ。ピンで行ってみようや」

ギリ

ギリギリである様子。

「ギリで来週月曜ってところですかねえ」

「490円ってのがギリの線ですわ」

ギリギリの四文字がギリの二文字に減るくらい、ほんっとにギリギリだというニュアンスだろうか。

「これギリ？」

「ギリ！」

ふざけているようだが、大まじめなやり取りである。

アリアリで

いったいなんのことかというと、「ミルクと砂糖を両方入れてください」という意味であり、コーヒーを頼むときに添える。「ホットひとつ、アリアリで」などと使う。

てれこ

逆になること。入れ違うこと。なんだそりゃ、と学生諸君はゲラゲラ笑うかもしれないが、歌舞伎に源を持つれっきとした日本語。辞書にも載っていてびっくりだ。

「どうやら、てれこになっちゃったみたいで」

「こことここは、てれこじゃない？」

また、てれこになっていたものを直す過程で、さらにてれこが生じる場合、あるいは、一個のてれこに対応するてれこが複数ある場合などは「てれこてれこ」となるのだが、私はいったいなにを書いているんでしょうか？

ペラいち

ペラっとした紙一枚だから、ペラいち。おいおいそれでいいのかよと突っ込みたくなるくらい名は体を表す言葉であり、その意味で幼なじみのあだ名と大差ない。

「それまとめといてよ、ペラいちでいいから」

ちなみに「FAXペラいちで送ってください」といえば「送付書は必要ありません」ということだぞ。ペラいちは意外に役立ってる言葉なんだ。馬鹿にするな。

ガッチャンコする

あとになって組み合わせること。「じゃあ、各自、持ち帰って進めておいて、あとでガッチャンコしましょうか？」というふうに使うわけだが、それにしても、ガッチャンコとは。『ペラいちくんとガッチャンコちゃん』という児童絵本があったらぜひ読んでみたい。

ファクシミリ

もしもさえない上司が「ファックス」と発音するところを、「ファクシミリ」と言った場合、「古くさいなあ」という印象があるが、デキる人が凛として使うと、思わずマネしたくなるようなオトナ語になりうるから不思議である。たとえば社長第一秘書の小早川さんが電話口でつぎのように言っていたとしたらどうでしょう。

「それではファクシミリをご送付させていただきますので、折り返しご連絡いただけますでしょうか」

言葉は使う人によって価値を変えるのである。

ゼロックス

こっちはあんまりマネしたいと思わないなあ。ちなみにコピーのこと。データのコピーと区別するために使う場合もあり、意外にしぶとく生き残っている。

ソースどこ?

かあさん、ソースはどこだい? 冷蔵庫のなかですよ、という話ではなく、「情報の出所はどこ?」という意味。どんな立派なデータだろうと、その出所が明記されていなければ意味をなさない場合もあるのだ。

「平均値って言うけど、その数字、ソースどこなの?」

インラインでコメントします

メール上でのみ使われる言葉。相手のメール文を引用しながら、その合間合間に自分のコメントを差し挟むことを意味し、つまりは、「ところどころに返事の文章があるので最後まで読んでくださいね」ということ。エンジニア系の人から伝わったと思われる風習。なんだこりゃ、と思う気持ちもわかるが、数年後は常識になっているかもしれない。

センザイ

宣伝材料の略であり、要するに写真やデータやポスターなんかを指す。これを「洗剤」と間違えるのはあまりにもベタな気がするかもしれないが、どっこい、社会人以外にとって「センザイ」といえば「洗剤」のことである。オトナたちはそのへんをもう少し自覚し、新社会人が「え？　洗剤を、どうするんです？」などと質問しないようにきちんと説明すべきである。

ケーツネ

経常利益の略であり、辞書をひもとくなら営業利益に営業外利益を加えたものとなる。おそらく「計上利益」と区別するためにこう呼ばれるのではないかというマジメな考察も加えてみたりする。巨人軍や横綱のことをいろいろ言う人とは無関係である。

カンパケ

おそらく、カンパケの「カン」は完全の「カン」であり、カンパケの「パケ」は「パッケージ」の「パケ」。つまり、パッケージまで完全に仕上がった状態の商品などを指す。同様の意味のものとして「カンピン」があるが、こちらの「ピン」は品物の「品」のこと？

カンテツ

おそらく、カンテツの「カン」は完全の「カン」であり、カンテツの「テツ」は「徹夜」の「テツ」。つまり、カンテツとは完全徹夜状態を指す。オトナが「徹夜」と言う場合は、おおむねこの「カンテツ」を指す。よく学生が、朝まで起きていることを「徹夜しちゃったよー」などと言うが、そのあと昼過ぎまでぐーぐー寝るようでは「徹夜」とはいえない。それは「夜更かし」だ。

右肩上がり

要するに「儲かってるぞぉ」という意味だが、語源は、売上などを示すグラフが右へ行くにしたがって上昇することから。儲かっているだけでなく、時間の経過にしたがって成長してるところが右肩上がりのポイントです。

青天井

どんどんどんどん上がり続けていって、「おいおい天井がねえぞ、こりゃ」という意味。賭け事などで「上限を設けないこと」としても使われる言葉である。

歩留まり

原材料に対する製品の割合。原料を10キロ仕入れて、不良品などで1キロの無駄があったとしたら「90パーセントの歩留まり」となる。無駄を少なくすることを、「歩留まりをよくする」などというらしいが、そんなことよりも気になるのはやはりその特異な語感であろう。なんせ、ブドマリである。ブに、ドに、マに、リである。BUDOMARI！　BUDOMARI！

要返却

宣伝材料の写真やMOなどに、いちいち書かれている文言。つまり、「返却してください」という意味だが、実際に「返却してください！」と怒られることはあまりないのが不思議である。「要返却」と書かれたさまざまなものがあなたの机の引き出しの奥に眠っていませんか？

架電の件

こんなこと言うのかよ、と思っていたが、業界によってはふつうに使われているらしい。さきほど電話された件、あるいはメールで連絡のあった件という意味だとか。「さて、架電の件ですが……」というふうに使うらしいが、ATOKでも変換しないくらいの言葉である。

什器

じゅうき、と読む。要するに商品を陳列する棚などを指す。現場によっては非常に頻繁に用いられる言葉だが、知らない人にとっては日本語かどうかすらわからない。先輩社員に「什器搬入！」などと言われた新入社員が、「ジューキハンニュー?」となってしまうのも無理からぬことといえよう。ただし、学生時代レンタルビデオ店などでバイトするとひと足さきに身につけることが可能。

お知恵拝借

独自の企画力は持たないが人脈には長ける社員がいて、その人が気配を消しながらあなたの席にこっそりやって来て、なぜか床に膝をつけるような低い体勢でこう言う。

「……お知恵拝借」

頼りにされるのはうれしいことだけれども、その仕事がなきゃ来週ずいぶん楽だったのにね。

縁故

マニュアル車においてはギアを切り替えるときにクラッチペダルを踏んでいったんクラッチを切り、半クラッチ状態にしておいてからシフトレバーを操作するべきであるが、クラッチのつなぎなどがうまくいかないとエンジンがストップしてしまう。それがエンコの説明だとすると、縁故とは縁故採用者の略である。

た・の・む・よ〜！

なにかを人に向かってお願いするわけではなく、むしろ対象となる人がいないような場面で、「おいおいしっかりしてくれよ」という意味で使う。たとえば、ちっとも要領を得ない得意先との電話。さんざんいろんな説明を繰り返したあと、ようやく電話を切ってひと言。

「た・の・む・よ〜！」

あるいは重要なプレゼンを控えた場面。必死で資料をまとめていたらパソコンがフリーズ。いろいろやるがまったく動かず再起動する以外ない。うつろな目でひと言。

「た・の・む・よ〜！」

だーかーらー！

業を煮やした上司の絶叫。どちらかというと、しかりつける相手よりも、周囲の人へアピールするように。

でた！

おいおいほんとかよマジかよ、の意味で使う。

「とりあえず、ウチに返品されるようですので」

「でた！　けっきょくオレらがやんのかよー」

「ようやく日程のほうが確定しましたのでお伝えします」

「でた！　なんで3日しかないのよー」

「明日、ちょっと私お休みをいただきますので」

「でた！　有休？」

ください！

かっこいいオトナ語に分類されるめずらしい例。

「では、結論が出ましたら、私にください！」

「僕がやっときますんで、ください！」

火中の栗は私が拾いますよ、という男気の表れ。むろん、「シャーペンの芯、ください」とは意味合いが違う。

たられば

もしもあのとき〜して「たら」、もしもあのとき〜していい「れば」、そういう後悔を「たられば」と称す。

「『たられば』言っててもしかたないだろう?」

上司の常套句に、ときに本気で励まされたり。

いの一番
「いの一番でやらさしてもらいまっさ!」
いまが何時代なのか、ふとたしかめたくなる。
〜に毛が生えた

たいして変わらないような変化、改善を指す。

「新商品っても古いのに毛が生えたようなもんだろ」

ちゃんとしてる

新人がはじめて企画書をまとめたのだが、なかなか優秀であるらしくミスがない。

「へえ〜、ちゃんとしてるねえ」

数人で構成された小さな事務所が人を増やすことになり、就職情報誌に初めて募集広告など出してみた。その小さな募集広告をみんなで眺めてひと言。

「わあ〜、ちゃんとした会社みたいだね」

出ちゃってる

ただいま外出しております、をフランクに表現。電話の応対などによく使われる言葉である。

「あー、笹島はちょっと出ちゃってますねえ」

「午前中は出ちゃってたりするんで、できれば夕方に」

なんかちょっとかわいいよね。

おみやげ

オトナが「おみやげ」という場合2種類ある。ひとつはほんとうに先方へ持参するもので、営業が「先方に挨拶に行くけどおみやげはないか?」という場合、それは先方が喜ぶようなデータや企画はないか、ということ。もうひとつは、先方からの課題や宿題を指すわけであり、取引先から帰ってきた上司が「あぁ〜あ、おみやげもらってきちゃったよ……」とうなだれたら、残業決定!

あぶらっこい

なんとも説明が難しいのだけれど、難しかったり、面倒くさかったり、立て込んでたり、政治的だったりするような、要するに、いや〜な状態を指す。

「うわ、また、あぶらっこい話持ってきたなあ〜」

上司のおみやげがあぶらっこいと最悪である。

できることとできないことがある

いや、そうおっしゃいますけどね、できることとできないことがあるんですよ。いや、そうおっしゃいますけどね、いいものもあるし悪いものもあるんですよ。いや、そうおっしゃいますけどね、前からケツ拭く人もいるし後ろからケツ拭く人もいるんですよ。いや、そうおっしゃいますけどね、できることとできないことがあるんですよ。それは、当たり前のことではないのか?

にぎやかし

提出する資料などにボリュームを持たせるために入れる、たいして意味のないデータなどを指す。

「このグラフ、去年のデータですよ?」

「バカ、にぎやかしに、あったほうがいいんだよ」

無駄とにぎやかしの区別がつけば、かなりオトナだ。

全とっかえ

企画やシステム、ことによったら人員などを、一部の修正や変更でなく、まるまるぜんぶ入れかえること。「ていうか、もう、全とっかえでしょ、全とっかえ！」

煮詰まった会議の終盤に叫ばれがちである。

えこうぎょう

電話などで社名を先方へ伝える場合、発音だけでは誤解が起こりやすい。たとえば「オトナこうぎょう」と言う場合、「工業」なのか「興業」なのかわからない。そこで、「えこうぎょうのほうの工業です」などと言う。

同様の使いかたをするものに「オトナ科学」と「オトナ化学」を区別するための「ばけがく（化け学）」がある。

～かと。

オトナが頻繁に用いる独特の語尾。

「どちらかといえばそちらのほうがまだマシかと。」

「こちらがそれを請け負う義務はないかと。」

「先方にそれをおっしゃればいいのではないかと。」

なんだか妙にアドバイス口調で不愉快である。不愉快ではあるけれども、使うとなると便利である。

風通し

上司と部下の意志の疎通や、部署内のコミュニケーションの具合を表す。見晴らしより風通しのよい職場で働きたいものである。うまいこと言った。

線引き

仕事と遊び。ブレストと雑談。先方の責任と我々の責任。データ収集とネットサーフィン。そして社内恋愛。オトナたるもの、線引きはきちんとしたいものである。

天引き

要するに給料からさっぴいとくぜ、ということ。ということはあれか、会社は「天」なのか！

ガス抜き

部署内に溜まった不満やストレスを、なにかのかたちで発散させること。飲み会、慰安旅行、打ち上げなどがこれにあたるが、ガス抜きさせようと思って上司がやったことにより、余計にガスが溜まってしまうこともある。

頭出し

大好きな3曲目を、すぐに聴けるようにすること。ではなくて、提出物などをきちんとそろえておくこと。

孫請け

人が魚を食い、魚がプランクトンを食うように、仕事は下請けに投げられ、それがさらに孫請けに投げられる。

位置づけ

棚や机をどこに置くかということではなく、優先順位や、その問題をどうとらえるか、という解釈に近いもの。「各論に入るまえに、位置づけをしっかりしないと」

棚卸し

一般的な意味合いとしては、在庫の確認作業。長らく保留された問題を奮起して整理するときにも使うとか。

縛り

役所を通さなければならない、著者の許諾を受けなければならない、社長の写真を使わなければならない、といった、業務遂行における面倒な約束事をそう呼ぶ。

温度差

北海道と沖縄の温度差をなくすことが最重要課題といえます。否。寒暖計の差異を指すわけではなく、考え方の開きを意味する。先方とうちとか、上司と部下とか。

適当

適当とテキトーは違うから注意すること。ふさわしいことは「適当」であり、どうでもいいことは「テキトー」となる。発言者の眉のあたりなどを見て判断しよう。

便宜上

このほうが都合いいし、面倒くさくないし、話が早いから、といった意味で使う。便宜上説明するとそうなる。

ご面倒でも一度

横着せずに正規のやりかたでやってくださいよ、の意。

「ご面倒でも一度、お越しになっていただければ」

「ご面倒でも一度、登録からお願いできれば」

「ご面倒でも一度、正面玄関から入っていただければ」

「ご面倒でも一度、ズボンを履いていただければ」

「ご面倒でも一度、九九を覚えていただければ」

「ご面倒でも一度、般若心経をとなえていただければ」

ソバ屋の出前状態

先方から催促を受けて、その場しのぎに「いま送りました」などと答えること。「いま出るところです」「もうできてます」「もう着きます」「着いてませんか？」「とっくに出ました」など、オトナはいろんなソバを用意しているのだ。出版業界にはとくにソバの達人が多い。

二本立て

Ａという案とＢという案があって、どちらかに決めかねている状態の原因は何かというと、要するにそれはどっちもどっちで決め手に欠けるからなのだが、いまさら両方ボツにしてやり直すわけにもいかず、オトナは無理に自分たちを前向きにする力を働かせてこう言うのだ。

「よし！　今回はＡとＢの二本立てでいこう！」

……問題あるよなあ、それ。

二度手間三度手間になる

それじゃ二度手間になってしまうので、なんとかその方法をやめさせたいのだけれど、「二度手間になりますので」だと説得するときのインパクトに欠ける。そこで。

「二度手間三度手間になりますので」

ひとまとまりの言葉として覚えるようにしよう。

上記の件につきまして、下記の通りお知らせいたします

上を見させておいて、下をうながす。上を見ろ、そして、下を見ろ。赤上げて、白上げて、赤下げないで、白下げない、ぐるっと回っちゃいけません。

大問題

大きな問題、というよりも「そのへんが頭にくる！」というニュアンスを含んでいる。

「あいつがヨーロッパ行くこと自体が大問題なんだよ」

捨てたんじゃない？

「いや、絶対ここに置いたんだって。おっかしいなあ」

「捨てたんじゃない？」

仕事抜きで

仕事は関係なく、私個人としての意見である、という面を強調し、それによって真意を伝えたり、相手の信頼を得ることを目的とするが、形骸化している場合も多く、そうなると逆に相手の疑心を招き逆効果となる。

「築1年で南東の角部屋、バルコニーつきですからね。この物件は仕事抜きでおすすめです！」

……いや、でも、あなた不動産業者でしょ？

一身上の都合で

たとえ、どれほど複雑な退社理由があろうとも、たいてい表向きには「一身上の都合で」と表現されるのだ。たとえば、結婚して辞めるときも「一身上の都合で」。売上をくすねてバレて解雇されても「一身上の都合で」。な〜んとな〜く、退社するときも「一身上の都合で」。

なんぞや？

なんぞや？　とは、なんぞや？

「つまり、花粉症というのは春にかぎらないものであり、花粉症対策というのは1年を通して必要になるものであるというのが今回のジェロニモ計画のコンセプト概要になります。では、このジェロニモ計画とはいったいなんぞや？　と。ご説明申し上げます……」

「一般に栄養価が低いといわれているモヤシですが、とある研究機関の発表によりますと、じつにタマネギの4倍ものジェロニモを含むことが明らかになりました。それを前提としてこの商品が企画されたのですが、まず、ジェロニモとはなんぞや？　と。これはですね……」

「要するに、利益率ばかりが追求されがちですけれどもそれよりはジェロニモコストを下げることのほうが明らかに即効性があるわけですよ、わかります？　でですね、ジェロニモとはなんぞや？　と。そもそもですね……」

なんぞや？　とは、なんぞや？

～ありき

まずは商品ありき、でしょう？　いまのご時世コンセプトありき、で始めないと。そもそもお客さんありき、ですし。本来は使う人ありき、の問題ですよね。けっきょくにんげんありき、でしょう。前提として地球ありき、ですし。大きく考えれば宇宙ありき、というわけですし。神ありき、というところから始めましょう！

死んでる

電気が通っていないこと。使い物にならないこと。ひどく疲れていること。

「この配線、死んでるわ」

「そのハードディスク、死んでます」

「坂本さんは昼出社です。例の件で死んでましたから」

生きてる

電気が通っていること。期限が切れていないこと。ひどく疲れているが、ぎりぎり働けるということ。

「あ、この配線、まだ生きてるわ」

「あ、このクーポンまだ生きてるよ」

「あ、もしもし……坂本ですぅ。生きてますぅ。いまから出社しますぅ。すいませぇん」

なんだか「生きてる」も「死んでる」も大差ないなあ。

一時期増えて、また減った

なんとも味わい深いこの言葉を、最後のオトナ語として、本編の終わりに掲載したいと思う。

「一時期増えたけど、また減ったなあ」

「一時期増えて、また減りましたねえ」

なんだか知らないけど、オトナたちって、けっきょくそういうことをしているのだなあ。売上、苦情、ダイレクトメール、新商品、理論、額面、新規事業、道路工事、新規店舗、ビル、コラボ、広告、書籍、などなど……。

「一時期増えて、また減ったなあ」

「一時期増えましたけど、また減りましたねえ」

もちろん、逆も真なり。

「一時期減ったけど、最近また増えたなあ」

「一時期減ったのに、また増えましたねえ」

鴨長明が表したのは、そういうことではなかったか。

全国のオフィスでがんばる諸先輩方、お世話になっております。読んでくださって、どうもありがとう。

テレビ番組をオトナ語でアレンジ①

【8時だよ！全員集合】

「本日は皆様ご多忙中の折、ご参集いただきましてまことにありがとうございます。本日の司会進行役を務めさせていただきます、株式会社漂流組の碇屋と申します、よろしくお願いいたします。さて僭越ではございますが、さっそく今週の定例会をスタートさせていただきたいと思います。皆様ご発声のご準備のほうはよろしいでしょうか。では。……おーっす！」

「おーっす」

「ご協力いただいた皆様にはたいへん申しわけございませんが、皆様のご発声の音声レベルが弊社基準にわずかながら達していないと弊社音声部門の方からただいま報告がありました。皆様には度々のお手数をおかけしてまことに申しわけありませんが、再度ご発声をよろしくおねがいいたします。では。……おーっす!」

「おぉぉぉ──っす！！」

「ありがとうございました」


「今週の定例会もそろそろお開きの時間でございます。それでは弊社加藤の方から事務連絡がございますので、皆様よろしくお願いいたします」

「えー、人事の加藤です。では手短に本日の確認事項を伝達させていただきます。
1. 歯磨きの有無
2. 入浴の有無
3. 先週提示させていただいた宿題事項の進捗状況
以上につきましてお手元のアンケート用紙にご記入の上、書き終わった方から退席していただいてけっこうです。記入した用紙は入口脇の机に裏返して置いてください」

「ではまた来週の定例会でお待ちしております。本日はどうもありがとうございました」


（提供者：し）

テレビ番組をオトナ語でアレンジ②

【パネルクイズ　アタック25】

「現在市場は4社で占有されておりますが、近頃うち1社による独占の傾向が強まってきております。健全な競争による市場の成長という意味合いでも各社の皆様においてはぜひ活発な市場への関与を期待したいところであります。もちろん再三申し上げておりますとおり、不当競争に類する販売行為が発覚した際には遺憾ながら一定期間の自主規制を余儀なくされるのが業界の通例です。周囲の事情も鑑みた上で、闊達な議論を願います。それではつぎの議題に移ります」

（提供者：ほりえ）

大相撲をオトナ語でアレンジ

【もの言い】

「ただいまの協議についてご説明申しあげます。えー、現場主任の式守くんのレポによりますと東日本事業部の北尾くんのサジェスチョンは単なる丸投げともとれ、けっきょくは西日本事業部の保志課長のプッシュした内容のほうに気持ちアドバンテージがあるんじゃないかと言ってるんですけど、くしくも保志課長と同じ畑出身の九重監査室長より、『どっちもどっちだろう。ちょっとペンディングにして再検討が必要』とクレームがつきました。で、ビデオリサーチ室に協力要請してディベートし、部署間のパワーバランスも考え、ウィン・ウィンの方向で落とすことにしてます。むちゃを言うようですが、北尾くんも保志部長も視点を変えれば、同じことをいっていると言えなくもない。ここはいったんフラットにしてハッケヨイで仕切り直しを図ろう、と」

（提供者：jimmy）

名言をオトナ語でアレンジ

【鳴かぬなら殺してしまえホトトギス（織田信長）】
【鳴かぬなら鳴かせてみせようホトトギス（豊臣秀吉）】
【鳴かぬなら鳴くまで待とうホトトギス（徳川家康）】

「ホトトギス」囲い込み施策について

営業担当　豊臣様

お世話になっております。秀吉ねね@プロモーション担当です。

戦国武将社からの
「4～6月春のホトトギスキャンペーン」のコンペの件について、
競合他社の情報探れましたので、取り急ぎの報告です。

まず信長コーポレーション（N社）ですが、
ホトトギスについて過去の実績がゼロのN社では対応不可能なようです。
ただ、できないとは言えないので、N社お得意の「カッコーの鳴き声」という
代替案でホトトギスというコンセプト自体をなくしてしまおうというのが
N社の織田マーケティング局長の方針らしいです。

また、アド家康は、「成果自体は出すことは保証するが、
第1四半期内と限定するのは市場動向からも難しい」とのことから
バッファを見込んで、上半期まるまるつかった
長期キャンペーンを逆提案するようです。

結果、金額やクオリティの問題よりも、
「期間内に成果物を出す」というだけで、
今回のキャンペーンについては、うちで取れそうです。
すでにホトトギスを鳴かせる方法については、
業者から「鳴き声の中身についての指定がないので、
どんな声かはともかく出させることは可能」との回答をもらっているので、
あとはコンペをそちらで進めていただければOKです。
よろしくお願いいたします。

（提供者：ぽこ）

乗り物をオトナ語でアレンジ

【自動車とバスの音声案内】

自動車「バックします、ご注意下さい」

「ご通行中の方々のなかにはすでにお気づきの方もいらっしゃるかと思われますが、手前どもの車両、これより若干バックさせていただくにあたり、皆様のご協力をいただきたく、ご連絡差し上げます。いまいまはノープロですが、先々の問題もございます。きんきんになるはやでバック致しますので、ご注意のほど、よろしくお願い申し上げます」

バス　「つぎは公園前です。お降りの方はお手近のブザーを押してください」

「たいへんお待たせして申しわけありません。つぎの公園前にはまもなく到着の予定です。こちらで下車予定の方は、恐縮ではありますが、お手近にございますブザーをプッシュしていただければ、と、そう思っております。あ、ひとつ申し上げておきますと、ブザーのプッシュは、お降りになる方皆様でなくてけっこうです、おひとりでけっこうです。どなたがプッシュされるかは、お客様マターでジャッジしていただければ、当方は一切問題ありません。勝手言ってすみません、よろしくどうぞー」

（提供者：マキコ）

ビジネスの現場に即戦力！

オトナの読みまつがい

意外にオトナは漢字の読みかたを間違って覚えている。もちろん周囲はそれに気づいている。けれど、即座にそれを指摘できる人は少ない。それで、その人は間違い続けることになる。先方の前で、堂々とやらかすことになる。それを、「オトナの読みまつがい」と呼ぶ。まつがわないように、まつがいやすいものを並べてみました。漢字以外もあります。ご笑覧ください。

【あ行】

一応　○いちおう　×いちよう
各々　○おのおの　×かくかく
御中　○おんちゅう　×ごちゅう

【か行】

割愛　○かつあい　×わりあい
帰省　○きせい　×きしょう
嗅覚　○きゅうかく　×しゅうかく
控除　○こうじょ　×くうじょ
柿落とし　○こけらおとし　×かきおとし

【さ行】

暫時　○ざんじ　×ぜんじ
実施　○じっし　×じっち
失敗　○しっぱい　×しゅっぱい
十羽ひとからげ　○十羽ひとからげ　×一羽ひとからげ
順風満帆　○じゅんぷうまんぱん　×じゅんぷうまんぽ
進捗　○しんちょく　×しんしょう
相殺　○そうさい　×そうさつ
相似　○そうじ　×そうに

【た行】

耽美的　○たんびてき　×ちんびてき
逐次　○ちくじ　×とんじ
月極　○つきぎめ　×げっきょく
手持ち無沙汰　○てもちぶさた　×てもちぶたさ

【な行】

難易度　○なんいど　×なんえきど
日常茶飯事　○にちじょうさはんじ　×にちじょうちゃはんじ
年俸　○ねんぽう　×ねんぼう

【は行】

汎用　○はんよう　×ぼんよう
凡例　○はんれい　×ぼんれい

普及	○ふきゅう	×ふっきゅう
雰囲気	○ふんいき	×ふいんき
（善悪の）分別	○ふんべつ	×ぶんべつ
（ゴミの）分別	○ぶんべつ	×ふんべつ
反故	○ほご	×はんこ

【ま行】

幕間	○まくあい	×まくま
文言	○もんごん	×ぶんごん

【や行】

漸く	○ようやく	×いさぎよく

【ら行】

礼賛	○らいさん	×れいさん
廉価	○れんか	×けんか

【外来語など】

communication	○コミュニケーション	×コミニュケーション
simulation	○シミュレーション	×シュミレーション
SKY PerfecTV!	○スカイパーフェクTV!	×スカイパーフェクトTV!
feature	○フィーチャー	×フューチャー
plastic	○プラスチック	×プラッチック
renewal	○リニューアル	×リニュアール
マンツーマン	○マンツーマン	×ワンツーマン

人間ドック	○人間ドック	×人間ドッグ
添付ファイル	○添付ファイル	×tempファイル

もはやどちらもウイン・ウイン

こりゃどっちでもいいみたいよ？

競売	きょうばい・けいばい
御用達	ごようたし・ごようたつ
早急	さっきゅう・そうきゅう
舌鼓	したつづみ・したづつみ
老舗	しにせ・ろうほ
代替	だいたい・だいかえ
重複	ちょうふく・じゅうふく
貼付	てんぷ・ちょうふ
農作物	のうさくぶつ・のうさくもつ
目途	めど・もくと
世論	よろん・せろん

※調べてみると、辞書によって「慣用読み」と書かれていたり、「誤用」と書かれていたりします。どうにも境界線を引きにくいところなので、だいたいこんな感じだというふうに解釈していただいて、あとは現場判断で！

オトナ語索引

すみません
ちょっとゴタゴタ
してる
もんで
こっちは
ゴチャゴチャ

提供者一覧

+aq／11rei19／13orek／2-10／aihara／akiko／Always0kyonz／ands3773／Angela／ART@／ash／aya／bobo／cap／Cazy3／chicchi／Co.／CUE／D/D／dw8000／ender／erika／guano／H／Hajime／HaNa／hanae／hanako／HATTORI.T／himera／hiro／Inaba／Jamy／jiji／JIN／Junko／juvenile_J／K／kaka／KAMIYA／KAORU／kaoru／katsura／KAWAGUCHI／kazumi／KEN／kibuka／KimKim7／kinoko13／kintheworld／kitano／knnm／kojima／kondo／ku／kumpoo／kuroron／lake／lavidaloca／legoe／luke／LuLu／m93／mai／maiko／maki／MAMAMA／mami／manabu0033／Matsuyamanordic／mimi／miura／mihoco／minako／miti／mocha／mochi／momo／Momoyo Takehara／monika／nanana／naka／naox／natsuki／Noriko／normal／nyamp／obu2／ogiwara／okdt／OKKO／P444／paqy／potatto／Q太郎／raru31／Riko／Ron／rosso／RYO／S_SAN／Sachiko／saito／satomi／sayaka／seasonon／Shinko／shinko／SID／soulsis／ss／STB／summer／sunao／TAG／tairita／Taka／Tetsu／Tim／Tam／Tomomi／tomy13／tono／toriuchi／TSUYOSHI／tutu／U1／uematsu／vermeerblue／Welsh Corgi／x-mod／yama／yk／Yoshihiko／YOSHIMI／Yoshimi SAITOH／Youichi／YOUJIROU／yu_mat／YU-Zi／yukiyo／YURI／あーやー／あいか／あいだ／あいちん／あかり／あきこ／あきら／あけがた／あこ／あさみ／あたま／アトム／あひる／あふろん／あや／あら／あらき／アリス／ありちゃん／あんこちゃん／アンズの友達／アンディ／イ／いずみ／いな／いなり／いのうえ／いわねやま／うさ／うし／うしろまえ／うず／うなぎ／うのっち／うめ／うめたけ／うらきち／うろん／（え）／エイプリル／えつこ／えっちゃー／えっつ／エミール／エリ／エリ。／おうえる／オーサマ／おかだ／オチャム／オディロン／おとと／おばQ／おまめ／おわり／かっきー／かっしー／かとちゃ／カトユタ／かなな／かなぴー／カミィ／カリメロ／カワヅ／か～め／「キ」之國屋Bunxymon／ぎも／きゃさりん／きゆ／キヨシ／きり／ぎん／キング／キングブッシュ／ぎんざえもん／くう／く～すけ／ぐっつー／クニコン／クマノコ／ぐみ／くみ子／クモザル／くらむぼん／ぐり～ん／くろ／グローブ／くろっか／けーすけ／けーすけ39才／けにぶに／ケビン／ケロ／ゲン・リョウチュウ／ごう／コージ／ここみみ／こじご／こばきち／コブタ／コモロ／こりん／ころすけ／ゴン／こんの／さいこ／サイコプ／さおさお／サカ／さかな／さぎり／さくらぬ／ささかず／さちえ／さと／サトウ／さとさと／さとちゃん／さに／さぶ／サマンサ／さやや／し／ジェラスガイ／しお／ジキルとハイド／ししまる／シダ／しのぶ／しばぞう／しまうま／ジャスミン／しゃんしゃん／ジャンルカ／じゅん／じゅんじ／じゅんじゅん／ショウコ／しん／しんご／じんじろ／しんや／すいか／すが／すぎゃ／スタカン／すばる／セイゴフッコ／セイチン／ソクラ つま／ソーホ

ー／そら／そろり／だい／だいち／たき／タケ／たけ坊／タタミ／たま／たまね／たらお／ちあき／チエ／ちえぞう／ちっころ／ちどり／チビノワ／ちゃみら／チョリ／ちょんがー／ぢょん／ツボイ／てけねじ／てっき／てっちー／でぶちん／テフロー／てぽどん／でめちゃん／どがどが／とく／どちゃく／とっかん／どっと／とてか／ともぞ／ともち／ともちゃん／ドン／な／なお／ナオコ／ながせ／ナツ／にあ／にゃんこ／ニューバランス／ぬばたまの／ネギマ／ねひ／のっち／ノバうさぎを描いてるちゃん／のりたま／のん／のんちゃん／ぱーる／はざまのちさと／はしもと／はちさん／はっぴー／はな／ハナ／はなこっち／はなな／はなはなな／はなび／はむユミ／はる坊／ハレルヤ／ハロア／び／ぴ〜かん／ひじき／ひっきー／ひでぽん／ひとみ／ピノキオ／ビーフ／ヒューマン／ひらや／ひろすけ／ヒロヒロ42／ひろりん／ぴんはし／ふー／ふいづ／ぷぅ／ぷー／ふかー／ふち／ぷちこ／ぶっちゃー／フネ／ふみ／ぷる／ぷるー／べす／ヘッカム／ベック／ぽて太／ほっけマン／ホットク／ほなみ／ほみ／ポリス／ぽんこ／ボンダ／マープ／マキコ／まじょ／まだむー／まつ／まっきぃ／まったり屋／マッツン／まつも／マナ／ままま。／マーマー／まめぞう／まゆこ／まらきち／マロ／まゐこ／み2／みー／みきぽん／みけ／みさお／みずまる／みちのすけ／みつお／みどり／みなみ／ミニ・ニー／ミホ／みみずく／みゆき／みゆきお姉ちゃん／みゆぽん／みょ／みらくる／みる／みるみる／みわ／む／む。／ムース／ムキラッチ／むらたん／メーカー勤務／めりちゃん／メロンパンナちゃん／モ／もっち／もっちー／もどき／ももお／ももこぶた／ももたん／モリー／やえ／ヤギダイ／やす／ヤスダ／やすみん／やっさん／やっしー／やま／やまひろ／ヤヤヤ／やよい／ゆ／ゆきP／ユズ／ゆま／ゆめぎわ／ゆりっぺ／ゆりまる／ゆんぴょう／ヨ／ようちん／よーこ／よし／ヨシ／よ〜じ／ヨシモト／よろずや／ら・まんちゃ／ライチ／ライナス／らぴゅ太／らん／りえぞー／リオタ／りかりーな／りす／リス／リナコ／りのこ／りる／るみ／ロイ・ブキャナン／ろんろん／わがし／わかばやし／ワカマル／わた／わんこ／ワンコ／赤井マサタカ／明子／汗っかき／彩／井久美／池上ヒカル／池田／一言主神／一発屋／潮／大狸の女房／音十／親方／茅凪／北村／木尻透／木村／恭／京子／恵子／小梅／小春／小松尾／佐伯／佐々木／佐藤／薩摩半次郎／佐野／猿彦／清水／柴犬／順子／女性営業員／尋問／純夏／高尾／高澤@華道家／武村／達矢／達也／谷口／知英／電脳系事務員／東吉／戸村賢一／中山／典子／長谷川／浜のまっく使い／鼻炎猫／秘書／弘／副社長／方白／正路／豆右衛門／満月／実紀／南風／美穂婆／夢遊人／村をんな／村田／無頼庵／目白亭酔狂／猛虎襲来／山田／祐鈴／由紀／六花／洋子／葉子／理／涼ちゃん／龍太郎、そのほかのみなさん。

ご協力いただき、ほんとうにありがとうございました。

ほぼ日
ブックス
続刊

★「ほぼ日」のメールマガジン「ほぼ日デリバリー版」から生まれた人気企画

言いまつがい

ふつうの人のふつうの人によるふつうの人のための笑い！

完成マジか！

デザイン 祖父江慎 × 挿画 しりあがり寿 × 監修 糸井重里

豪華キャストにて、諸々決済中。

タイトル自体がもう間違っている『言いまつがい』。
「慣用句篇」「うた篇」「学校篇」「会社篇」など、700もの「言いまつがい」を一挙掲載！
電車内で読むのはキケン！？な一冊になること、まつがいありません。どうぞご心配くださいね。

ぼちぼち発売するぞ!!

豪華本風

オトナ語の謎。

2003年12月5日初版発行
2003年12月24日二刷発行

著者 糸井重里

イラスト 森川幸人

制作・編集 永田泰大［ほぼ日刊イトイ新聞］

ブックデザイン 清水　肇［プリグラフィックス］
天野早苗［プリグラフィックス］

編集協力 小川由加［ほぼ日刊イトイ新聞］
斉藤里香［ほぼ日刊イトイ新聞］

発行所 株式会社東京糸井重里事務所
ほぼ日刊イトイ新聞
〒108-0073
東京都港区三田4-7-24 明るいビル4F
http://www.1101.com

印刷 図書印刷株式会社

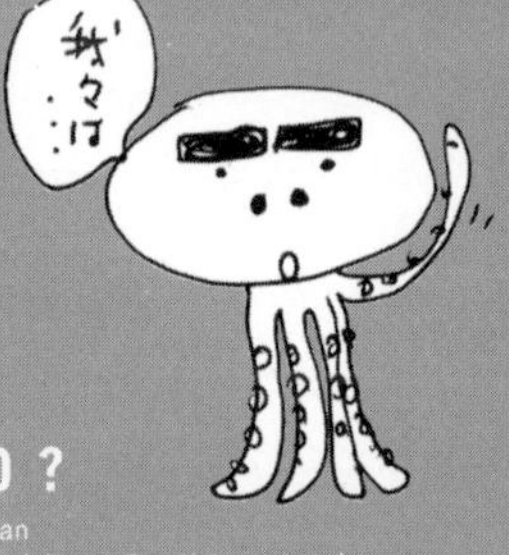

OTONAGO NO NAZO?